南木曾の木地屋の物語

ろくろとイタドリ

松本直子 著

未來社

南木曾の木地屋の物語——ろくろとイタドリ　目次

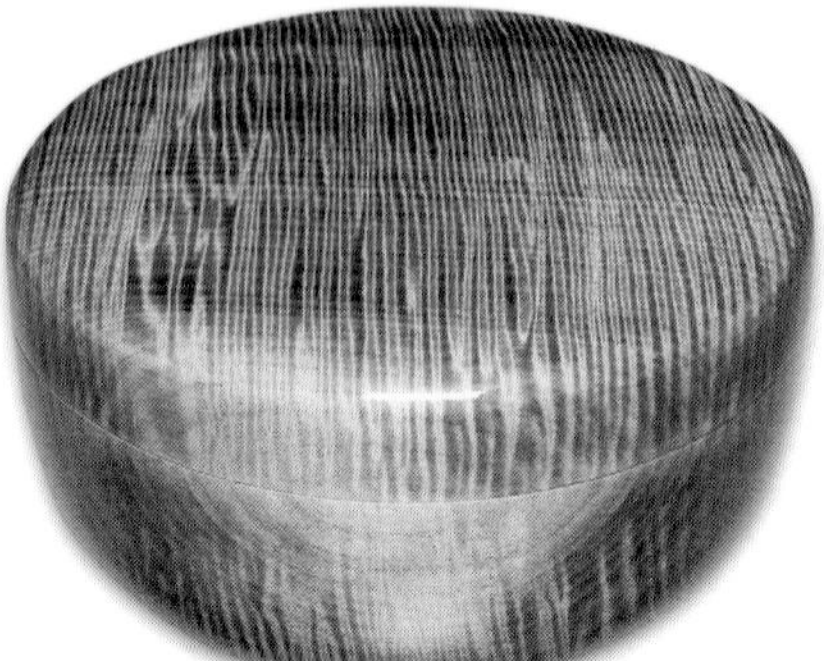
栃造拭漆食籠（小椋榮一作）

黄蘗造拭漆盆（小椋榮一作）

《カバー》
表・栃造拭漆食籠（小椋榮一作）
表地・ケヤキの杢目を活かした拭漆
裏・南木曾の空
イラスト・イタドリ

欅造透漆大卓（小椋榮一作）

南木曾の木地屋の物語——ろくろとイタドリ

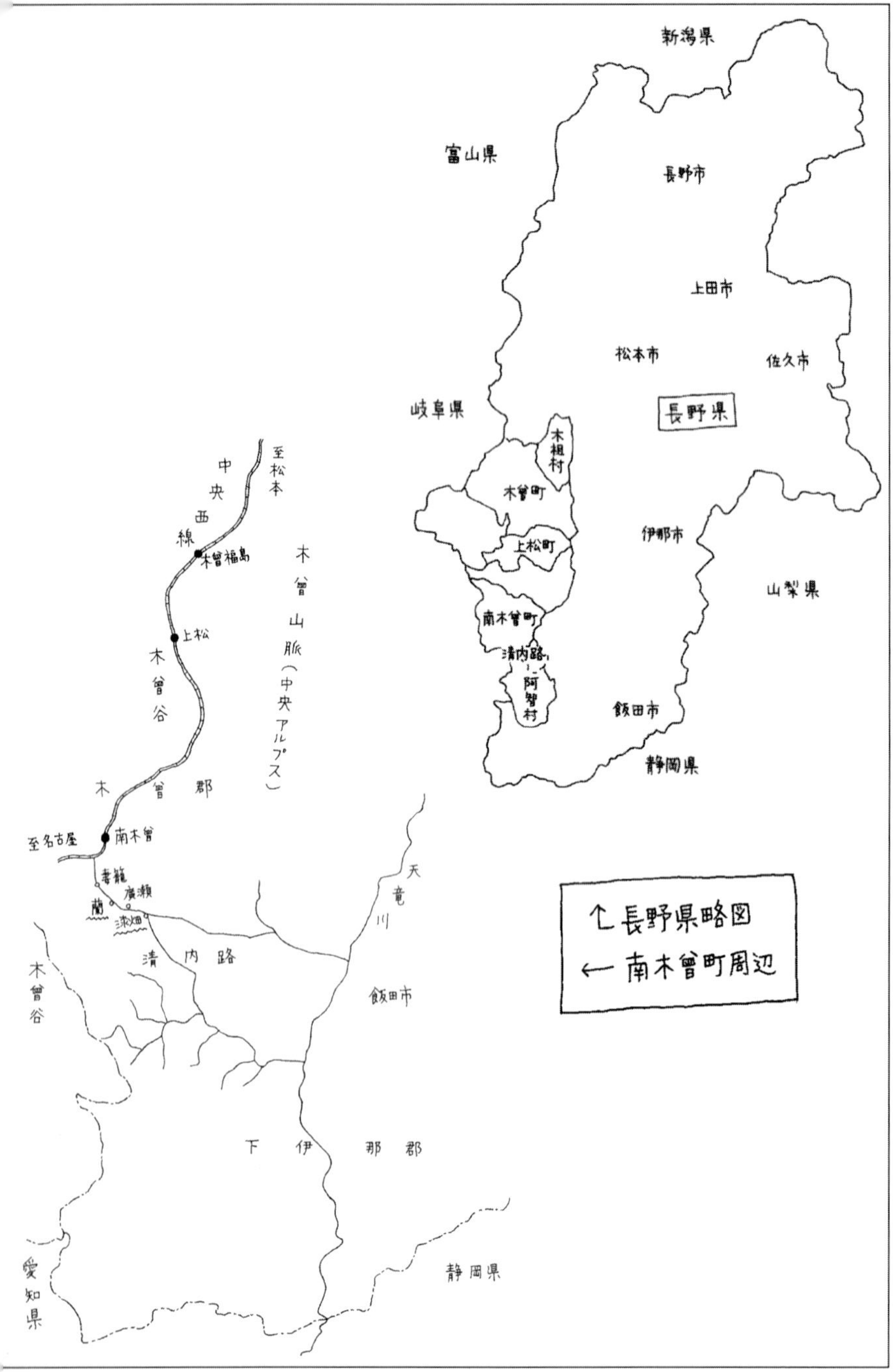

↑長野県略図
←南木曽町周辺
新潟県
富山県
長野市
上田市
松本市
佐久市
岐阜県
長野県
木祖村
木曽町
上松町
伊那市
山梨県
南木曽町
清内路
阿智村
飯田市
静岡県
至松本
中央西線
木曽福島
木曽山脈（中央アルプス）
上松
木曽谷
木曽郡
至名古屋
南木曽
妻籠
廣瀬
蘭
淶畑
天竜川
清内路
木曽谷
飯田市
下伊那郡
愛知県
静岡県

天空の流星群のように

遠い昔から、「ろくろの木地屋」が幾世代にもわたり山々に遺した足跡を追えば、それは天空に流星群の残した光跡を想わせる。

木地屋は、遠い昔に、日本列島のほぼ真ん中、琵琶湖東岸の近江国《おうみのくに》愛知郡《えちぐん》東《ひがし》小椋村《おぐらむら》の小椋谷を出立し、列島の脊梁《せきりょう》山脈の深い山々を尾根道づたいに、家族眷属《けんぞく》（一族・親族）をつれて歩いていった。八世紀頃には「轆轤工《ろくろこう》」、中世になると「轆轤師《ろくろし》」と呼ばれた人たちは、国の中央や寺の工房を離れ、庶民のうつわをつくることをその生業として、良材を求めて列島を歩きはじめた。

その数は定かではないが、記録が遺る江戸時代前期からの二百五十年間だけでも、のべ戸主数は数万人にのぼる。家族を加えれば、どれくらいの数になるのか。

数年にいちど、「木地屋のふるさと」小椋谷の役人が、列島各地の木地屋を廻った文書が、一六四七年から遺る。この年の文書からは、木地屋はすでに、福井・岐阜・滋賀・京都・兵庫・鳥取・島根・岡山・広島・山口・愛媛にいたことがわかる。その後の二百五十年の間には、さらに列島の北や南の地名と木地屋の名が遺る。宮城・福島・秋田・山形・栃木・群馬・埼玉・東京・神奈川・新潟・山梨・長野・静岡・愛知・三重・和歌山・奈良・大阪・徳島・香川・高知・福岡・大分・熊本・宮崎。

また、文書に記載されていなくとも、列島の背梁山脈のいたるところに遺る「ろくろの木地屋」にちなんだ地名は、その地に木地屋が暮らした証である。たとえば、轆轤師、ロクロ山、ロクロ谷、六呂田、六郎谷《ろくろだん》、六六師《ろくろし》、轆轤貝津《ろくろげつ》、ころく、ころく小屋、六呂氏、六郎、鹿路、鹿籠《ろくろう》、木地屋敷、小六、茂兵衛やしき、九郎畑、ほおずきやしき……（『木地師の習俗2』文化庁文化財保護部、平凡社、一九六九年／『ろくろ』橋本鉄男、法政大学出版局、一九七九年）。子ども時代を、鹿児島県宮之城町で過ごしたわたしの親戚は、五十年前、小学校に「ろくろ」さんという姓の同級生がいたという。杉本壽『木地師制度の研究　第二巻』（清文堂出版、一九七六年）にも、宮之城町の「轆轤《ろくろ》」姓についての記述がある。

「ろくろの木地屋」は、列島を北（東）に向かうものと、南（西）に向かうものがあった。杉本壽は、近江から四ルート、大和から一ルートを示す。その北端は、北海道渡島《おしま》半島。南端は、四国や中国地方から九州脊梁を南下した薩摩・大隈半島。

さらに、大隈半島から南に向かった木地屋の足跡を、いま、沖縄の人びととの援あって、かつての琉球に見い出す。

琉球漆器の挽物《ひきもの》の木地は、十七世紀はじめに貝摺《かいずり》奉行所（琉球王府の工芸所）が設置されるより前に、「隅洲国分郡（現・鹿児島県霧島市国分）の人鮫島六郎兵衛」が伝えたことを知る。「ろくろ」の音《おん》の入った名をもつ鮫島六郎兵衛は、国分から鹿児府《かごふ》に向かうとき、逆風に遭い、琉球に漂着したものという。そして、安里掟と改名し、ろくろを伝え、のちに暮らした若狭町村（現・那覇市若狭）は、琉球漆器生産の中心地となった。『琉球漆器考』（石浜兵吾、出版者・吾妻健三郎、一八八九年）の「轆轤始まりの事」には、「鮫島六郎兵衛こそ琉球漆器の元祖」とある。

鮫島が琉球に生きたのは、いつのことであったのか確かな記録は遺っていないが、鎌倉芳太郎は次のように記す。

この話は、若狭町が本土からやって来た日本人の居留する漆器製造業の町として成立する初期の頃、少なくとも十五世紀は降らない時代と思われる。

（『沖縄文化の遺宝』岩波書店、一九八二年）

琵琶湖のほとりから、列島各地に向かった「ろくろの木地屋」は、その家族眷属とともに、脊梁山脈をいき、海をわたり、南北の果てまで歩いていった。苦難も多かったであろう道を行った木地屋のこころのうちにはなにがあったのか。かつて、列島各地を歩いた人びとがいたことは、いま、忘れ去られようとしている。音もない静かさのうちに、熱い想いを秘め、列島をわたっていった「ろくろの木地屋の物語」をわたしは知りたい。

＊

夜、ぐるりを山に囲まれた木曾谷の、「V」字の底のような狭い谷底を流れる木曾川の淵に立ち、上にぽっかりあいた星空を見上げる。ふと短い弧を描いて流れる星を目にしたら、星が消えぬ間にすばやく願いごとをつぶやく。流れ星は瞬きするあいだに、漆黒の闇に溶け込んでしまう。

わたしは、ずっと夜も明るい都会にしか暮らしたことがなかった。木曾で、「漆黒の闇」に包まれた山に上れば、夜空に浮かぶ星々がくっきり大きく、腕を伸ばせば手の中に星をつかみだせそうな近さにあることに驚く。

「漆黒の闇」の「漆の黒」は、いつの頃からか家にあった黒い漆の盆を手にするときと、木曾に来て、夜学の漆の職業訓練校の教室で、初めて刷毛《はけ》で盆にドロリとした黒い漆を塗り上げたときとでは、目にする「黒」が違う。塗り上がったばかりの漆の盆には、塗師のとおした刷毛目が残る。その後、幾度も塗っては研いだ漆の盆は鏡面の如くである。

頭で知ることと経験をとおして知ることは、あたりまえのことだけれど、違う。知識として知っているつもりは、知らないことと同義だったりする。また、経験だけが万能ではないことも知る。それは、「産みの苦しみ」と男の人がふと口にするときに、かねてから感じていた違和感と似る。もっともその後、ものづくりの現場に身をおけば、皆、塗炭《とたん》の苦しみを味わいつつ、創造の歓びを味わうのを知るのだけれど。

きっと、多くのことがそうなのだ。本を読み、知ったつもりになることと、実際に出会ってことばを交わし、時をともにしながら会得することは、まったく違うことなのだ。しかし、経験できないままでも、できるだけ知りたいことにこころ添わせてみたい。それには、いままで自分が拠って立ってきたところから、想像の翼を限りなくひろげて飛び立ってみる。己の領分から一歩踏み出せば、ときに痛い思いもするけれど、静かにあたりを見わたしてみれば、新しく開けた地平に、いままで見えなかったものがすがたを現わす。

＊

木曾に来るまで、わたしは「木地屋《きじや》」を知らなかった。

「木地《きじ》」とは、漆を塗る前の木でつくられた素地のことである。木地には曲物《まげもの》、指物《さしもの》、刳物《くりもの》、挽物などがある。木地をつくる職人を「木地屋」という。「木地」とひとことでいっても、木地の種類が違えば、つくる職人も、道具もつくり方も材料となる木も異なる。「木地屋」といえば、「ろくろの木地屋」のことだと辞書にある。しかし現在も、木曾や飛驒では、曲物や指物などの木地をつくる職人も「木地屋」である。木地に漆を塗る職人を「塗師屋《ぬしや》」という。

木曾福島の、いまも現役の曲物と指物の木地職人である九十四歳の村地忠太郎は、みずからを「木地屋」という。南木曾の四十代の「ろくろの木地屋」小椋《おぐら》正幸は、「亡くなったおばあちゃんも『木地屋』といっていたのだから、『木地屋』だ」といい、誇り高く名刺の肩書きも「木地屋」である。職人がみずから名乗る職名には、それぞれのしごとへの熱い想いと、高い誇りがつまっている。

いま、「木地屋」が記事になるとき、「木地屋」は「木地師」と書き直される。職業に「〜屋」とつけて表記しないことになっているのだそうだ。職人に配慮されてのことだろうが、みずからよしとし誇りをもつ職名を、あえて換言することはない。ほんとうに考えなくてはならないのは表立った体裁などではなく、もっと深いところにある。

＊

幼い頃から毎日食卓に並んでいた味噌汁の入った木の椀が、どうやって、だれによってつくられるのか、考えてみたことがなかった。木の椀だけでなく、盆や重箱などの漆器をあちこちで目にしていたのに、関心をもたず、深く知ろうとしたこともなかった。木の椀も盆も茶びつも、そこにあるのがあたりまえ、なければ淋しい、ふだんの生活に溶け込んだ身のまわりの品々である。

木の丸い椀や盆や茶びつなど「丸物《まるもの》」と呼ばれる挽物は、「ろくろの木地屋」のしごとである。このことをわたしが知るのは、木曾に来てからだ。それまで「ろくろ」と聞けば、わたしにとっては、それは粘土を成形するのにつかう陶芸用の器械のことであった。また、「鉋《かんな》」といえば、それは大工さんが板の表面を削る四角い台鉋のことだと思っていた。木曾で、初めて「ろくろの木地屋」が木を挽くのに棒状の鉋をつかうと聞いても、それがどのようなかたちをした鉋で、職人はどういうすがたでしごとをするのかは、まったく想像の外だった。

木曾で、木のしごとやその職人について見聞きするうちに、盆や椀などの木地を挽く「ろくろの木地屋」は、農耕の民のようにひとところに定住して暮らしたのではなく、「山々に良材を求めて旅する、『漂泊の民』、『流民』、『流人』などと呼ばれ、『流転』、『流浪』のことばとともに語られてきた人びと」であることを知るようになる。わたしは列島各地の山々を、家族眷属とともに放浪する人びとの群れを思い描いては、哀愁とロマンを感じ、こころ惹かれるのだった。

あるとき、想像の翼をひろげて知ったつもりの「哀愁やロマンの『ろくろの木地屋』」は、それは実際に山にあった木地屋のすがたなのかと気になり、ふと立ち止まる。はたして、ひとところに暮らす人の想像のなかの「ろくろの木地屋」は、ほんとうに山に暮らした木地屋のすがたと重なるのか。

何百年のあいだ、親から子、子から孫へと生業《なりわい》を引き継ぎながら、山から山へ木について歩く暮らしをした「ろくろの木地屋」は、どんな人たちであったのだろう。

なにを想い、山を歩きつづけていたのか。

山々を移り住むことは、「ろくろの木地屋」にとって、はたして「旅」であったのか。

「流浪」は、身を寄せるところがなく、さまようこと。「さまよう」は、あてもなく歩きまわること。「ろくろの木地屋」は、家族眷属を引き連れ、あてどなく山々をさまよったのか。

自然のただなかで生まれ、死んでいった「ろくろの木地屋」は、厳しい自然に幾度も行く手を阻まれながら、それでも、あえて、深山幽谷《みやまゆうこく》に生きとし生けるものとともに暮らした。命の糧である木をひたすら追い求める暮らしを、先祖代々つづけたのは、それは己に深く信じるところがあって、律儀に山を歩きつづけたのではなかったか。

かつて「ろくろの木地屋」は、里の人が立ち入らない、人びとが神聖なところと信じた深い山に生き、「木地屋の宿替え」といわれたように、数年おきに、良材が尽きれば、新たな木を求めて山を移り住んだ。異空間に生きる人たちの、そのすがたをこころに浮かべ、里に生きる人は想像の翼を大きくひろげた。こころない噂も、はたまた勝手に抱く「哀愁やロマン」も、すべて「ろくろの木地屋」の真実を幾枚ものベールで覆ってしまうことではなかったか。

かつて山を歩いたことのある最後の「ろくろの木地屋」が、いま生きていたとしても、その齢《よわい》はゆうに百数十歳を越える。いま会ってはなしを聴くことができるのは、その孫か曾孫の世代の人たちである。

父、祖父、曽祖父、幾世代も前から、その生業を継ぐ人たちが、いまも長野県木曾郡南木曾町《なぎそまち》吾妻《あづま》漆畑《うるしばた》に暮らし、「ろくろの木地屋」として生きる。わたしは、いまを生きる「ろくろの木地屋」に会いにいく。

＊

ときに「多くの星々が流れる夜」があることを知る。都会の住宅街の真ん中でみる夜空は、家々の屋根に四角く切り取られ、広くは見わたせない。住宅街の道幅四メートルの道路が交差するところや、跨線橋《こせんきょう》の上に立ち、夜空に目を凝らしても、わたしはいちどもそのすがたをみたことがない。山の澄んだひろい夜空を知らずにきた。

流星群。ふたご座流星群やペルセウス流星群など、天空の一点から輻射状《ふくしゃじょう》に星々が流れるようにみえることがある。流星群とは、その軌跡が天球上のある一点を中心に、輻射状にひろがるように出現する一群の流星のことである。流星群に属する流星を群流星、中心にある一点を輻射点または放射点という。流星群の名前は、輻射点のある星座や近くにある星の名がつけられることが多い。たとえば、ふたご座流星群はふたご座に輻射点があるように。

「ろくろの木地屋」はまるで、遠い昔、琵琶湖の東岸、近江国愛知郡東小椋村を輻射点に、東西南北の深い山々に向かって放たれた槍のように列島の南北の果てまでその光跡を残す。数百年という長い年月にわたり、木地屋は世代を継いで、列島各地の山々に、数万の流星群が銀色の光の尾を放ちながら流れていくように、散っていった。

山々を結ぶ尾根道は曲がりくねる。しかし、ときに野獣におびえ、飢饉や災害に襲われながらも、深山幽谷を歩きつづけた人びとのこころは、どこまでも真っ直ぐであった。

「ろくろの木地屋」は、槍が放たれた琵琶湖東岸の小椋谷を、遠い昔に出立した日から、その末裔の人びとが生きる今日にいたるまで、一日たりとも輻射点を忘れたことがない。近江国東小椋村は、永遠に「ろくろの木地屋のふるさと」でありつづける。

流星のような「ろくろの木地屋」の遺したひとつひとつの光跡は、日本各地の山々の尾根と尾根を結ぶ道である。小椋、大蔵、堀川などの名のついた流れ星の軌跡は列島各地に残り、先祖代々、深山に暮らし、木とともに山に生きた記憶は、末裔の人びとが意識するとしないとにかかわらず、その腕とこころにたしかに刻まれている。

木曾に暮らす

二〇〇六年、春。

東京出身のわたしは、木工を学びたいと思い立ち、それまで縁もゆかりもなかった木曾谷にやって来た。木曾郡上松《あげまつ》にある長野県上松技術専門校（職業訓練校）木材工芸科で一年間学び、翌春には東京に帰るつもりであった。

わたしにとって木曾は、木工技術を学べるところが、たまたまそこにあるというほどの関心しかなかった。島崎藤村の「木曾路はすべて山の中」の一節は記憶にあったが、その実際をこころに思い描いてみたこともなかった。

この年の一月に行なわれた上松技専の入学試験会場の、教室の窓から臨む木曾駒ヶ岳は、オレンジや紫色の夕焼けに白く映え、それは雄々しく、こころ惹かれた。その山のすがたを目にした瞬間、わたしはどうしてもここに来たいと思うのだった。幸い入学試験に合格し、いざ木曾に向かおうとするとき、信州にただひとりの知り合いも、また、寒さの厳しいところに住んだ経験もなく、わたしには思い切りが要った。しかし、おなじとき、久方ぶりの学生生活、初めての寮生活を思えばこころが弾んだ。

空に向かって飛び出すようにやって来た木曾の学校には、年齢、性別、職歴、出身地の異なる、「上松に来て、木工を学びたい」四十人がいた。学びたいからこそ集った訓練生と、こころ熱い指導員の先生方がいた。そこには、忘れていた熱気が渦巻いていた。

長野県上松技術専門校はプロの木工家を目指す人なら、知らぬ人のない学校である。二〇〇六年度、上松技専には木工科と木材工芸科（木芸科）があった。わたしの在籍した木芸科では、鉋の刃研ぎからはじまり、木工に関する知識を学び、その後、専門の外部講師の先生方から南木曾ろくろ、旋盤《せんばん》、刳物、竹細工、漆を学んだ。一年間に多種多様な工芸を教わり、つくり手である講師の先生方にも出会える、それはなんとも贅沢な学校であった。わたしにとって上松技専は、いつ果てるとも知れぬ旅のはじまりであったように感じている。また、それは、人生をリセットするかのようにして上松にやって来た、仲間のだれにとってもそうであったかもしれない。

入学するとすぐに、担任の池田義一先生から、道具やカリキュラムについて説明があった。学校から貸与される工具は道具箱に入っていた。リストをわたされ、中身を確認するのだが、そのときわたしは、罫引《けびき》やシラガキがなんであるかわからず、玄翁《げんのう》がトンカチであることさえ、説明を聞いて初めて知る始末であった。カリキュラムに書かれた「南木曾ろくろ」の「南木曾」は、「みなみきそ」ではなく、「なぎそ」と読むのもそのとき知った。先生は「南木曾の『木地師の里』にいってみるといい」と話されたが、それがどんなところか思い描こうとしても、なにも知らなければ、具体的なイメージひとつ湧かないのだった。

ちなみに、わたしの在籍した上松技専の木芸科は、二〇一〇年度いっぱいで廃科となった。理由は、県外を含め応募者は多いが、就業に結びつきにくいためである。県内の伊那技専木工科、松本技専木材工芸科も廃止され、今後、木工技能の人材育成資源は上松技専に集約されることになった。なお、廃科となった木芸科のカリキュラムにあった「南木曾ろくろ」と「漆」は、いまは木材造形科で教えられている。

技専は職業訓練校であるから、就職率が悪ければ、費用対効果を勘案すれば廃科に追い込まれる。子どものときから学んだ、どの学校の先生よりも熱心な先生方と、木工を学びたい気持ち溢れる学生のいる職業訓練校が消えていく。工芸を教える学校も、工芸にたずさわる職人も、いま瀬戸際に立つ。魅力ある伝統の技を、教えたい人も教わりたい人もあるのに、いま存亡の危機に瀕している。

＊

二〇〇七年一月。わたしは木芸科十人の仲間と学び、一年の過程を終えて、東京に帰るのだと思っていたところで、別れ道に立つ。

冬休みが明けた学校に、木曾町役場から、「八澤《やさわ》春慶復興計画」の参加者を募る書類が届いた。木曾福島の八澤では、かつて町の誇る「木曾春慶」がつくられていた。透けた漆に、木曾の名木の杢目《もくめ》が映える、それは美しい漆器であった。手道具だけで割り、へいだ木地をつくる樹齢数百年の素性の良い木材が、戦後、木地屋に優先的に山から下ろされることがなくなり、また、プラスチック製品が世に出回る頃には、漆器産業の将来に影が差した。町から木地屋ひとりを残して、木地屋も塗師屋も廃業転業していった。ひとり残った木地屋こそが八十九歳の現役の木地屋村地忠太郎である。よその町の木地屋もその腕に敬意を払う木地屋は、わたしの憧れであった。わたしは思い切って、計画に応募した。そこに参加しても、それは生活の目途が立たぬものであったために、わたしひとりしか応募者がなく、「木曾に女の木地屋はいなかった」と不安がられながらも、わたしは木曾福島の木地屋村地忠太郎に教えを請うことになった。

その年の三月末、上松技専を卒業した四十人は全国各地に散っていった。わたしは上松の学校の寮から、隣駅の木曾福島の上ノ段《うえのだん》にある古民家に引っ越した。三百六十度山に囲まれた町には、川と間遠に走る列車が鉄橋をわたる音だけが響いていた。谷底の町は日が昇るのが遅く、沈むのが早かった。たったひとりで茶色い山を眺めれば、なんともわびしく淋しい気持ちになるのだった。木曾は冬の寒さはマイナス十六度になる日もあるが、家は板壁一枚で外だった。なにより、自転車しかないわたしは、交通の便が悪く、知り合いもいないところで、ひとりで暮らしはじめなくてはならないうえに経済的な基盤も不安定だった。しかし、おなじとき、わたしは未知の土地がどんなところなのかを知りたい思いも頭をもたげていた。

四月末、木曾では桜が咲きはじめる。そして、春が来るのを待ちかねたように、色とりどりの草花がいっせいに花を咲かせる。寒さに耐えるようにしていた人びとも、春の訪れに足取りも軽く町を歩く。つばめが道を低く、アーチを描きながら飛び交う。

わたしは毎日、木曾川の川淵にある木地屋村地忠太郎の仕事場にかよった。

木曾の名木、樹齢数百年の木曾ヒノキとサワラを割り、へいで、曲物や指物の木地をつくる師は、滔々《とうとう》と流れる木曾川の川淵で、五十年間、たったひとりでしごとをつづけてきた。また、師は、町から絶えてしまった「木曾春慶」の、塗師屋と真剣勝負をした木地屋としての矜持《きょうじ》をつよくもつ。「へぐ」とは、ヒノキやスギなど割裂性のある木をみかん割りし、さらに手のひらや木製の鉈などで薄く裂くことである。刃物をつかわないので、木の繊維が切れずに、上から下まで徹っているため、へぎ板は薄くとも丈夫である。割ってへぎにつかえる材は、樹齢が数百年の、真っ直ぐに年輪が徹った、極めて上質なものに限られる。昔は豊富にあったが、いまや切り尽くされて、ほとんど手に入らない。

古《いにしえ》の時代の人のすがたを彷彿《ほうふつ》とさせる師の技は、みているだけでもおもしろく、時間はあっという間に過ぎていく。また、土地のことばで語る師のはなしにじっくり耳を傾ければ、ことばとことばの襞《ひだ》に見え隠れする、自然から学んだ深い智恵に気づかされるのだった。

二〇〇七年十一月。東京で仲間と小さな展覧会を催し、そこに村地忠太郎の作品を展示した。このときに、師が「開闢《かいびゃく》（天地の開けはじめのこと）以来のことだよぉ。木地屋のことが本になるなんて」という、木地屋のしごとが活字になる機会を得る（前著『崖っぷちの木地屋――村地忠太郎のしごと』）。

歴史的に木地屋と塗師屋の関係に変遷はあったものの、現在では木地屋は塗師屋のしごとを下支えする職人として扱われる。たまに、「ろくろの木地屋」とはなしをしているときに、「川連《かわつら》（秋田）では塗師屋と木地屋はおなじに扱われている」と聞くと、「ほぉ〜！」というくらいめずらしいことなのである。いまどきは、多くの人のちからが合わさり、できあがったしごとは、つくる過程に参加したすべての人のものだろうに、木地屋はそのようには扱われてはいない。師はそのことをふくめて、木地屋のしごとが取り上げられるなんて、「開闢以来のことだ」といったのだ。

＊

木曾では、よその土地を「旅」という。だから、わたしは「旅の人」、よそものということである。小さな町で好奇心の赴くままに「旅の人」が動き回れば、幾度も痛い目にも遭い、また、たまに思わぬよいことにも出くわすのだった。木曾福島にやって来て、町の人びととともに暮らしはじめると、小石を水に投げ込めば波紋が岸辺に向かってひろがるように、わたしの前に、未知の扉がつぎからつぎと開かれていった。幾重にも出会いが重なり、わたしにはすべてが新鮮に感じられた。木曾でわたしは、だれよりもたくさんの人と知り合い、あちこちへ出かけていった。そんな「旅の人」であるわたしを支え、手を貸してくれた木曾の人びとに、ともに暮らす隣人として多くを教わった。「旅の人」が未知な土地でひとりで暮らせば、それまで自分の拠って立ってきたものなど、なんの役にも立たないことを思い知る「小さな事件」が頻々と起こる。待ったなしで目の前で起こるそんな瑣《さ》末《まつ》なできごとに、あれこれ思案しながら押っ取り刀で対処しているうちに、いつしかそれまでみえなかったことがみえてくるようになる。想像の翼をだんだん大きくひろげられるようになっていることにも気づく。わたしはひとりぼっちではなかった。いつもだれかの厄介になって、木曾に暮らしていた。振り返ってみれば、いつだってわたしは見ず知らずの木曾の人びとの好意と優しさの輪のなかにいた。

木曾の人は、あえて多くを語らない。また、木曾の自然と人は、そこにあるだけで十分に雄弁である。木曾が黙して語る豊かなことばを聴き取れないとすれば、それはこちらが想像の翼をひろげきれていないからだ。

列島各地の山々には、かつて人びとが行き交ういくつもの道があった。山伏もマタギも木地屋も、そのほかさまざまな人びとが、山を歩いていた。体中をめぐる血脈のような、人びとが行き交う道が木曾の山々にはあった。昔、そこには、自然の移ろいとともに息づく植物や動物、人などの命の蠢《うごめ》きや、沢を駈けくだる大蛇や龍王がいつも身近に感じられたことだろう。三百六十度を山々に囲まれたドームのような木曾谷は、山に生きるたくさんの命の息吹の感じられる躍動感溢れる小宇宙なのだ。こころ澄ませば、木曾の山々が黙して語る、ダイナミックな命蠢く音がする。

木曾の豊かなことばは、その土地の生え抜きではなく、ある日、突然、「旅」からやって来て、木曾谷に降り立った「旅の人」の耳にだからこそ、とまることがある。「旅」から来たわたしに、なにかと手を貸してくれた木曾の人びとに、ひとつひとつお返しのしようもないけれど、いま都会に暮らす、遠い日に森を忘れた人たちに、木曾谷のはなしを伝えたい。

＊

木曾福島で、木地屋村地忠太郎のしごとを目の前でみせてもらいながら、わたしは三年の月日を過ごした。「へぎの木地屋」は、面積の九割以上が森林だという木曾で、樹齢の高い木と、日々、語り合いながらしごとをしてきた。一世紀近くを木曾に生きた智恵深い木地屋のもとにいたことが、そののち、星も草木の名も、山で生きる術も知らないわたしを、静かに熱くろくろで木を挽く南木曾の木地屋と繋いでくれることとなる。その出会いは、また、おなじ木曾谷で、木を愛しみながらしごとをしてきた「へぎの木地屋」と「ろくろの木地屋」の初めての出会いでもあった。

出会い

　木曾福島の村地忠太郎の仕事場で、毎日、その美しい木曾弁で語られることは、長年、木曾の木とともに生きたこの人からしか聴けないはなしであった。木地屋は、木のことばにこころ傾け、耳を澄ませて、その活かし方を思案する。それぞれの木がいちばん活きるかたちにつくりあげ、つかい手に届ける。職人のしごとは何時間見ていてもあきない。しかし、木地屋のはなしを聞くうちに、技はしごとの最後に登場するにすぎず、日々、淡々と木と語り合うことにこそ、その心髄があると知る。

　師は木地屋の技が絶えてしまうことを惜しむが、「このしごとの先行きを考えたら、弟子を取るつもりはない」といった。材料が高価なうえに、時間と手間がかかり、「道楽とでも思わなきゃやっていられない」しごとであるからだ。わたしは、「八澤春慶復興計画」の一環として師の木地づくりの技を学べるとやって来たが、その貴重な材の入手は、三年経っても叶わなかった。木曾の山にも乏しくなった材料だが、まったくないわけではない。しかし、「割れる木曾ヒノキの値段は、羊羹とおなじ」。「計画」には初めから材料入手の目算はなかったと思う。

木地屋がつくった木地は、そのままでは半製品としてしか扱われない。塗師屋が漆を塗って、初めて製品として店に並ぶ。かつては、木地屋ひとりに塗師屋数人が組となって、木地屋のしごとは成り立っていたが、いまは違う。しばらくすると、師はしきりに、「木地をつくることだけを覚えてもしかたがない。先に塗りを覚えてから、木地に戻ってくればいい」というようになる。いまのままでは、技を覚えたところで、木地屋の暮らしが成り立たないのはだれの目にも明らかだった。師のいう「塗り」は、いうまでもなく、木曾の名木の美しい杢目を殺さずに活かす「塗り」のことである。その人のつくる木地は、ただ漆を塗る土台としての木地ではないとの木曾の木地屋としての誇りを強くもつ。

＊

万事控え目だが、知的好奇心の旺盛な、年齢を感じさせない村地忠太郎である。だが、しばらくすると、日々、仕事場の横を流れる木曾川の川音を聴き、木曾の森に数百年生きた木と語り合いながらしごとをしてきた師が、ほとんどほかの作家の展覧会にいったことがないことを、わたしは残念に思うようになる。

二〇〇八年、夏。松本市中町蔵シック館。

わたしは師を松本で催されている信州の十六人の工芸家による展覧会に誘った。九十一歳の木地屋は会場を丁寧に観てまわり、床に片膝をついて作品を手に取り、じっとみつめては若い作家たちに、「これは……かね」とつぎつぎと質問を繰り出し、「勉強になりました」と頭を下げては、会場をまわった。後日、そのうちの何人かの作家が、今度は木曾福島の師の仕事場を訪ねてくれた。

しばらくすると、師はしきりに「あの『ろくろの木地屋』にもういちど会いたい」というようになる。あの「ろくろの木地屋」とは、南木曾の小椋正幸である。四十歳の若い木地屋は、松本の展覧会に、ろくろで挽いた作品や、屋根材のクリのへギ板を漆で塗って出品していた。作品は、木のありのままの杢目が活かされた塗がほどこされていた。小椋正幸は、先祖代々「ろくろの木地屋」であり、また、輪島にある石川県立輪島漆芸技術研修所で漆塗りを学んだ塗師屋でもある。

師は、自然のくれた美しい木曾の名木の杢目をありのまま活かした木地が、漆の下に透けてみえる「木曾春慶」を懐かしがる。「塗師屋に木の目やへギ目を活かす塗をして欲しい」は、「木曾春慶」が絶えてしまったいま、それは師の悲願である。小椋正幸のうつわと出会ったとき、師はおなじ木地屋のこの人ならば、みずからのいうところがわかってもらえると直観したのだ。

＊

わたしは、村地忠太郎が会いたがっている旨、小椋正幸に手紙を書き、電話をかけた。小椋は、すぐに頼みに応じてくれた。高齢の職人の願いに、敬意を払ってくれたのだ。

二〇〇八年十二月半ば。木曾福島中畑の村地忠太郎の仕事場。

その日、小椋正幸の到着を待っていると、玄関で「こんにちは！」と正幸の大きな声がした。急いで玄関に客を迎えに出ると、正幸の横に、思いがけず、父の小椋榮一が立っていた。わたしは小椋榮一とは初対面ではあったが、すぐにその人とわかった。

榮一の顔には威厳があった。小首を傾げた様子に、のちに知るようになる、偉ぶらない人柄がみてとれた。長い年月、よく木のしごとをしてきたことを物語るようにその胸板厚く、偉丈夫《いじょうふ》であった。小椋榮一七十一歳、その人は、都会で出会う六十代の男性よりも若々しく、いまも現役の木地屋であることが見て取れた。榮一の作品を、わたしは幾度も展覧会で目にしたことがあった。なかに、トチのすばらしい杢目の活きた拭き漆の作品や、径の大きなものがあり、その迫力に作品の前で立ち尽くしたことを思い出す。仰ぎ見るような工芸家が目の前にいた。南木曾から木曾福島まで、クルマで一時間ほどの距離を、父と息子は村地忠太郎に会いに来てくれたのだ。

木地の見本が所狭しと置かれた座敷の、四人で入ればいっぱいになる座敷のコタツに、客を招き入れた。村地忠太郎の正面にすわった榮一は、すぐに両の手のひらを上に向けて、コタツの上におかれた堆朱《ついしゅ》の広ぶたにのせた。「広ぶた」は、昔は違う用途に用いられたが、木曾ではそれは「コタツ板」のことである。客人は、手のひらを上に向けて「ほら！」といった。師もわたしも、「なんだろう」ととまどった。榮一は「しごとをしてきた手だ」とだけいった。榮一の初対面の挨拶であった。そこにはその人の思いのすべてが尽くされていた。

左から小椋正幸、村地忠太郎、小椋榮一（2009 年）

村地忠太郎と小椋榮一は、おなじ「木地屋」といっても、ヘギとろくろ、針葉樹と広葉樹、そして、つかう道具も異なる木地屋である。ともに木曾に生を享け、長い年月、木のしごとをしてきた。しかし、その日まで、木曾福島と南木曾の木地屋は、ともに木曾に暮らしながら、互いを知らなかった。木曾谷に生きる人は、自分の領分でひっそりと暮らし、無遠慮にあちこちを歩きまわるようなことはしない。木曾の森の奥に、屹立《きつりつ》する二本の古木のようなふたりの木地屋には、軽薄さとは無縁の、慎み深さと威厳があった。

木曾の人は思いのすべてをことばで語ることをしない。しかし、そのすがたは実に雄弁である。わたしは、じっと耳を傾け、目を見開いて、ことばにならないことばを、ふたりのすがたから聴き取ろうとする。

この日、榮一と正幸は、村地忠太郎とわたしに南木曾への招待のことばを残して帰っていった。このことが、木曾の深い森の奥に、さらにわたしを誘《いざな》ってくれることになる。

「ろくろの木地屋」を訪ねて

二〇〇八年十二月末。

村地忠太郎とふたりで、中央西線木曾福島駅から普通電車に乗り、五十分ほどで南木曾駅に到着する。駅には小椋正幸がクルマで迎えに出ていてくれた。

駅から国道十九号線を吾妻橋に向かい、左折して国道二五六号線に入る。南木曾駅から、標高約四七〇メートルほどの漆畑の「木地師の里」まで、飯田へ通じる十二キロの山道をクルマで上る。駅を出てしばらくいくと、左手に多くの観光客が訪れる妻籠宿《つまごじゅく》がある。さらにいくと、かつての南木曾から飯田に至る交通の中継地であった蘭《あららぎ》に出る。ここには、漆畑より二十年ほど遅れて「ろくろの木地屋」が入った南沢から移築された「木地屋の家」や、豪放磊落《ごうほうらいらく》なおばちゃんたちが桧笠《ひのきがさ》を編む「桧笠の家」がある。蘭を過ぎると廣瀬にさしかかる。左手には急峻な高い崖、右手の崖下には家々が肩を寄せ合うように並ぶ風景がひろがる。雪景色のなかに見る集落の家々からは、薪ストーブの薄く細く立ち上る煙がたなびく。トンネルを抜けて、さらに道を上ると、左手に「木地師の里」の看板が立つ。ここが標高八八〇メートルの、南木曾町漆畑である。

南木曾「木地師の里」には、現在、七軒の店が並ぶ。漆畑には同じ名字の家が多いので、店はその屋号で呼ぶ。∧下やまと、∧一やまいち、⌐近かねきん、∧大やまだい、∧田やまた、∧三やまさん、(千)まるせん、である。正幸の店「∧下やまと」は、祖父小椋友市《ともいち》の名にちなんだ屋号であり、「やまと」といえばこの一家の店のことである。

漆畑は、大蔵、小椋、堀川など、かつて山を歩いた「ろくろの木地屋」の末裔の人びとが、いまもその生業を引き継ぐ、わが国ではめずらしい木地屋集落である。「漆畑は全住民が木地業に従事している唯一の集落」とされることがあるが、現在、漆畑地区には町営住宅もあり、全住民が木地業に従事しているわけではない。また、現在、「やまと」は、行政区分では幸助《こうすけ》地区にあるが、曽祖父・祖父・父が暮らした、歩いて十分ほどのかつての「漆畑部落」の名を誇りに、いまも木地屋の暮らすところを「漆畑」と呼ぶ。

現在、南木曾漆畑はわが国に遺る木地屋集落として有名であるため、明治以前にも南木曾には木地屋集落があったようにいわれることがあるが、そうではない。江戸時代には、尾張藩が森林保護・伐採抑制政策を進めたので、木地屋は木曾の山に入れなかったからだ。南木曾の南、伊那には、江戸の終わりまで数千人木地屋がいたが、南木曾の木地屋集落は、明治以後にできたものである。

わたしが南木曾を訪れたのは、このときが四回目である。

一度目は上松技専の学生の秋に、同級生数人と妻籠宿を訪ねた。江戸時代の町並みが保存された風情ある宿場町を、ほかの多くの観光客とともに楽しんだ。

二度目は、上松技専の冬休みに、技専でろくろを教わった外部講師の小原基美夫先生の蘭の仕事場に、友人に連れていってもらった。このときは年が明けたばかりで、「木地師の里」に向かう途中にある「ホテル木曾路」から雪道を歩いて上った。ろくろのはなしが一段落すると、先生のお宅に向かった。高い橋から谷底を見下ろすと、家々が肩を寄せ合うように立ち並んだ光景は、思わず声を上げるほど美しかった。白く厚い雪の布団をかぶり薄日に光る屋並みを、わたしは橋の上からしばらく眺めていた。

*

三度目は、学校を卒業した年の十一月、南木曾で開催される恒例の「工芸街道祭り」に、知人に誘われていった。このとき、わたしは初めて「木地師の里」に上がった。祭りのにぎやかなかけ声や観光客のざわめきのなか、国道二五六号線沿いの両側に並ぶ七軒の「ろくろの木地屋」の店を、「里」のいちばん奥にある店から一軒ずつ、中をのぞきながら坂を下りていった。ろくろの実演をしている店では足を止め、最後に訪れたヤマト小椋商店「やまと」の前にある水車のところで記念撮影。店の中をのぞき、ろくろの製品を眺め、楊枝《ようじ》を求めた。このときは、この店の主やその家族と、その後深い縁で結ばれることになろうとは知る由もない。「やまと」をあとにすると、近くに工房と自宅を構える、技専の刳物の講師北原昭一先生を訪ね、帰途についた。

＊

南木曽駅から、小椋正幸の運転するクルマで、村地忠太郎とわたしは、「木地師の里」のとば口にある「やまと」に着く。国道から水車と石置き屋根の仕事場が目に入る。広い敷地に、店舗が二棟、ろくろと漆の仕事場、そして、親子それぞれの自宅、クルマが何台も停められる駐車場がある。敷地のどんづまりは、下に沢が流れる崖になっている。山の中の、一方が崖になった駐車場に立ち、みはるかす空はどこまでも広くて気持ちがいい。空には、四季折々の雲が絶えずすがたを変えて流れ、いつまで見上げていてもあきない。「やまと」を包み、木曾の山々の木々を優しく見下ろすようにひろがる表情豊かな空に、わたしはいつもこころ慰められる思いがする。

店舗の二階は、榮一の作品の展示場になっている。ろくろで挽いた大小のうつわや家具が並ぶ。「どうやって!?」と村地忠太郎が感嘆の声をあげる径の大きな作品もある。師は、木の目が最大限に活かされた漆の作品群から目を離さない。わたしは、たくさんの榮一の木の目の活きた作品を目のあたりにして、すっかり気持ちが昂っていた。そして、師とともに、ここに立てることのありがたさをしみじみ感じていた。

展示されている作品群の間に、榮一のことばが小さな和紙に書かれて置かれていた。粛然とした思いで、一語一語、噛みしめるように読む。

「樹と共に」

樹と共に五十五年、父について山に行き大木の前に立っていよいよ斧をいれるまえ、元から最先端の梢を見上げ葉と葉の間に見える青空、伐倒した直後、根元に笹を立て手を合わせたものだ。

それ以来木を削る毎に粗末な使い方は出来ない。「先ず木に申し訳ないような物を造るな」の信条で今日まで来ました。

木取りから拭き漆まで同じ木目を直視しながら、あかぎれの指先で何回も撫ぜる事を繰返し、仕上がって触れる時木ならではの温もりを感じ、木が私を抱擁してくれます。

木曾に生まれ、木とともに生きてきた小椋榮一。この人ならではの珠玉のことばである。

その後、店の奥の座敷で、正幸が打ってくれた蕎麦が、挽いたうつわに盛られ饗せられる幸せを師とともに味わう。各種山菜の料理は榮一の妻シガ子の手づくりだ。丁寧にもてなされ、和気あいあいとはなしは尽きないのだった。

この日、ともに木曾に生まれ、木を愛しみ、暮らしてきた九十一歳と七十一歳の木地屋が、出会い、ことばを交わすことができたことが、わたしは嬉しくてならなかった。

木曾福島に戻ると、師はわたしに、「これからは木曾の木を知る小椋さんのところへも出かけていって、学ぶといい」といった。おなじ木を知る木地屋だからこそ、木地屋の命ともいえる杢目を存分に活かした作品をつくる「やまと」に、「木曾春慶」の木地屋であった師は、大きな希望を見い出したことがわたしにはわかっていた。正幸に願いを伝え、わたしはしごとの休みの日に、南木曾を訪ねさせてもらうことになった。

厄介な申し出を、だれもが受けてくれるわけではない。のちに正幸は「それは村地さんの頼みだったから」といった。見ず知らずのわたしが、南木曾に飛び込んでいったところで結べる縁ではなかった。木地屋の木地屋への敬意から受けとめられた願いであった。

*

東京から上松、そして、木曾福島。さらに水に投げ込まれた小石の波紋は小刻みに岸辺に向かってひろがりつづけ、とうとう南木曾までわたしを運んでいってくれた。自然のなかで暮らしたこともない「旅の人」が、ある日ふと木曾で、かつて耳にしたこともない「木地屋」という職人と木曾福島で出会ったことが、さらに山を歩きつづけた長い歴史を背負う、南木曾の「ろくろの木地屋」のもとへと導いてくれた。

木工芸術の民

木曾の名物お六の櫛に　切りし前髪とめにさす。
おもしろいぞえ木曾路の旅は　笠に枯葉の散りかゝる。

竹久夢二が一九一七（大正六）年に刊行した『春の鳥』（雲泉堂）に収められた二四六篇の小唄のうちの二篇である。『春の鳥』は「絵入小唄集」と銘打たれ、小唄が二四六篇、絵が十三枚収録されている。『春の鳥』に収められた小唄のなかで夢二自身がつくったものは、ほんの数篇とされている。大半が古くから唄い継がれてきた小唄を夢二がリライトしたものである（『竹久夢二文学館第一巻　詩集I』萬田努監修、日本図書センター、一九九三年）。

いまに伝わる民謡「木曾節」の歌詞はとても多いが、一般的な歌詞のその部分はつぎのとおりである。

木曾の名物お六の櫛は　解けし前髪の止めにさす
心細いよ木曾路の旅は　笠に枯葉が舞いかかる

また、夢二の『春の鳥』が刊行されたおなじ年に、木曾福島町長伊東淳《すなお》のまとめた『木曾のなかのりさん』（〔第二版〕、蘆沢書店、一九一七年）にある歌詞はつぎのようなものである。

木曾の名物お六の櫛よ、きれしまゆかみとめるくし。
心細いぞ木曾路の旅は、笠に木の葉が舞ひかゝる。
心細いよ木曾路の街道、川の鳴る瀬と鹿の聲。

民謡は一八九五（明治二十八）年前後に、諸国の地方歌が一時に勃興し都会に移入されたが、それ以前にも地方の民謡のなかには、都会で俗謡流行歌となっていたものも少なくなかった（『新版　日本流行歌史　上』古茂田信男他、社会思想社、一九九四年）。

一八八四（明治十三）年生まれの竹久夢二は、いつしか「木曾節」を耳にしていたものであろう。「心細いよ木曾路の旅は」といまも歌われている「木曾節」の歌詞を、夢二が「おもしろいぞえ木曾路の旅は」としたところが、わたしはさすが夢二だと思うのだ。「木曾路はすべて山の中」の木曾は、多くの人にとっては「心細い」と感じられるところだろうが、夢二がいうように、たしかに木曾路はおもしろいところなのである。

大正の詩人のこころもとらえた、木曾のお六櫛《ろくぐし》と桧笠《ひのきがさ》。

木の豊かな木曾谷の木工品といえば、お六櫛や桧笠のほかに、下駄や挽物、曲物、指物の木地や漆製品などがある。そのなかで、「お六櫛」、「桧笠」、「下駄」は、南木曾で古くからつくられ、また、「挽物」は明治以降に、「ろくろの木地屋」によってさかんにつくられるようになった。

*

「お六櫛」は、現在は長野県内でも中央西線藪原《やぶはら》駅のある木祖村藪原が生産地として有名である。ここで生産される「お六櫛」は、一九八二年に長野県知事指定の伝統工芸品となった。櫛の名のいわれは、その長さが五寸六分、六寸であるからとか、また、「お六伝説」からともいわれる。「お六伝説」とは、妻籠の旅籠《はたご》屋の女「お六」は頭病に悩まされていたが、御嶽山に願掛けをしたところ「ミネバリでつくった櫛で、朝夕髪をすけば必ず治る」というお告げがあり、そのとおりにしたら頭病は治ったというものである。ミネバリとはカバノキ科の、別名オノオレカンバ＝斧折れかんばといわれる堅い材である。

技専を卒業後、わたしは藪原のお六櫛保存会が開催する「お六櫛」製作を教える講習会に、五回ほど参加した。会では、年配の男の人たちが熱心にミネバリの植林や技術の伝承をしている。櫛の細かい歯を鋸で平行に挽いていく。櫛挽《くしびき》の道具は、鋸はじめすべて手づくりであり、櫛の歯を揃えて挽くには、かなりの経験が要る。

二〇〇九年初春から南木曾漆畑に足を運ぶようになると、わたしの頭の片隅には、いつも「ろくろの木地屋」があった。そして、「ろくろ、ろくろ」と口の中で転がしていると、「おろくぐし」の音《おん》とのあいだに、ふと、つながるものを感じた。「お六伝説」の舞台が南木曾の妻籠宿と知れば、さらになにかが匂った。「お六櫛」を調べてみると、現在、藪原で盛んにつくられている「お六櫛」の発祥の地が、なんと南木曾であることがわかった。ただし、かつて南木曾で「お六櫛」が盛んに生産されていたときも、材料となるミネバリは、現在の「お六櫛」の産地である木祖村から仕入れていた。

かつては、南木曾と隣の清内路で、さかんに「お六櫛」はつくられていたことは、現在、地元の南木曾でもほとんど知る人がない。わたしが南木曾の人にそのことをはなすと、皆、「へぇ！」、「ほう！」といって驚いた。

＊

「お六櫛」について、『木地師の習俗2』（文化庁文化財保護部、平凡社、一九六九年）では、木地屋の住んでいたところに「ころく」「小六」などの地名が遺ることをあげたあとに、つぎのように書かれている箇所がある。

ころくという地名は「古轆轤（松本：ころくろ）」の転訛ではないかと思う。民謡の「木曾の名物お六の櫛は、切れし前髪のとめにさす」また「木地屋名物お六の櫛は（以下同）」とも歌われているが、これも「ころくの櫛」ではないかと思われる。

一番目は、よく知られた「木曾節」の歌詞である。二番目に書かれた歌詞「木地屋名物お六の櫛」とは、いったいなんだろう。「木地屋のお六櫛」とは、気にかかる。

また、「民謡」とあるだけだが、わたしはこれは当時歌われていた「木曾節」の歌詞かと考えたが、現在歌われている「木曾節」には、「木地屋名物お六の櫛は」の歌詞はない。あちこちに問い合わせ、文献をひっくり返し、木曾福島の「木曾節保存会」会長に訊いたがわからなかった。またその過程で、「木曾節」とされる歌詞は、「伊那節」の歌詞であるものが含まれていることに気づき、さらに調べた。多くの人を煩わせたが、しかし、「木地屋名物お六の櫛」の歌詞については、なんら手がかりが得られなかった。

かつて、木曾には各地から多くの杣《そま》（きこり）がやって来た。杣はしごとのなかで、また、しごとが終わったあとに、多くの唄をうたったに違いない。そして、木曾谷は「民謡のるつぼ」といわれた。だから、「木地屋名物お六の櫛」は、木曾谷だけで歌われていたとも限らない。

『木地師制度の研究　第一巻』（杉本壽、清文堂出版、一九七四年）には、飛騨国大野郡白川村付近の庄川

の写真とともに、次の歌詞が書かれている。

心細いよ白川街道、川の鳴る瀬と鹿の声
心細いぞ飛騨路の旅は、笠に木の葉の舞いかかる

「お六の櫛」は「ころくの櫛」、「古轆轤の櫛」。「木地屋文書」でいわれる「木地職四職」とは、轆轤師、杓子《しゃくし》師、塗師、引物師のことである。「引物師」というとき、そこには下駄挽も曲物や指物をつくる職人、また、櫛挽など、木でものをつくる職人はすべてふくまれていたのではないか。南木曾が「お六櫛」発祥の地と知ると、「お六の櫛」＝「古轆轤の櫛」が、「木地屋名物」と歌われたことに、わたしはさらにこころ惹かれるものがあった。

そもそもは清内路と南木曾を発祥の地とする「お六櫛」は、いつごろからつくられていたのか。最も古い南木曾の木櫛の記録は『木曾考続貂』（山村良禎）にあり、享保年間（一七一六〜三五）に、蘭村で木櫛の製造が盛んに行なわれていたことがわかる（『木祖村誌　上』木祖村教育委員会、一九九八年）。また、『長野県西筑摩郡誌』（復刻版、千秋社、二〇〇一年）によると、おなじ頃、鳥居峠付近の山林から、「お六櫛」の材である「ミネバリ」を南木曾に供給していたが、材料の豊富な藪原で「お六櫛」の製造を起こそうとしたものがあったと書かれている。

藤屋（或いは十三屋）某と云ふ者あり意を決して虚無僧に偽装し妻籠に至り技術を研磨會得し歸りて之を有志に傳習し豊富なる材料を利用して逐年隆盛に赴きたり而して原産地妻籠は原料供給地を失ひ其業しだに衰へ終に藪原を以て本場と稱するに至る。

これは寛保延享年（一七四一～一七四七）のできごとである。ちなみに、文中にある「十三屋」は、昔、「九《く》」と「四《し》」を縁起が悪いとして、「櫛屋」＝「くしや」は「九四屋」ではなく「十三屋」としたものである。

＊

「桧笠」は、現在も、南木曾蘭の女の人たちによって編み方が伝承されている。ただ、かつて、その材料となる「ヒデ」は、木を割り、へいでいたが、いま、その技はみられない。わたしは木曾福島で割った木で木地をつくる職人の元にいたので、いまでは、だれもやっていない「桧笠」の材をつくる技を後世に遺さなくてはいけないとつよく感じる。現在は、「桧笠」を編む材「ヒデ」は、料理でいうところの「大根のカツラむき」の要領で、ヒノキを機械でクルクル薄くむき、その後、細長い短冊切りにする。現在、わが国のほかの地域でも、手道具で材料をつくっているところはないだろうが、それは古からの貴重な技である。

桧笠職人三石富子の夫三石宗市が、昔は木を割ったあと、中ほどの幅が狭くなるようにヒデを台鉋をかけてとっていたという。わたしは、昔の材料のつくり方をどうしても知りたくて、南木曽で昔つかっていた道具を探していたら、「桧笠の家」の棚の上でほこりをかぶっていた道具一式がみつかった。いつの日か、わたしはその技を三石宗市に実演してもらい、映像に遺したい。文献からは、南木曽の「桧笠」の材料の取り方は、岐阜県高山市一之宮にいまも伝わる「宮笠」とおなじである。

高山市一之宮にいまも伝わる「宮笠」は、宮村の人小野市助の先祖が天和二（一六八二）年に美濃国郡上郡から笠の製法を習得して帰り、伝えたもので、笠は宮笠《みやがさ》とも市助笠《いちすけがさ》ともいわれた（『経木』田中信清、法政大学出版局、一九八〇年）。わたしは、伝来の地とされる「美濃国郡上郡」に問い合わせたが、いまでは郡上ではそのような笠はつくられていない。

蘭の「桧笠」は、寛文年間（一六六一〜一六七二）に、飛騨の「落辺」から伝来したといわれる。そこで、「落辺《べ》」を岐阜県内で探してみたが、わからなかった。郡上郡大和町「落部」があったが、郡上は美濃であり、飛騨ではない。郡上に問い合わせるなかで、お年寄りが、飛騨の高山市荘川町に「おちべ」があると教えてくれた。そこで、荘川の町役場に問い合わせたが、「落部」は、いまは御母《みぼ》衣《ろ》ダムの底にあり、笠のことはわからないといった。

なお、『特用林産及林産加工』（三浦伊八郎・原敬造編著、東京名文堂、一九三七年）には、「批笠《ひがさ》」として、その製法が書かれている。「批」、つまり、「批く《ひ》」とは「へぐ」ことである。笠を編む一本一本の材を、高山でも南木曾でも、「ヒデ」という。「木」は「デ」と読む場合があるとして、田中信清は「批木」だから「ヒデ」というのではないかとしている。

現在は桧笠の編む技は遺るのに、その材料をつくる技が忘れられようとしているのは、樹齢数百年の素性の良い木がすくなくなり、あまりに高価で入手できないからだ。

木曾谷は、そのほとんどを森林におおわれ、木曾ヒノキなどの良材で名をなす。かつて、列島各地の森林では木曾に限らず、それぞれの地方の良材が育ち、人びとの生活のなかにつかわれてきた。割裂性のある針葉樹は、良材が豊富な時代には、あえて鋸で挽かずに、木を割って、材を取っていたのだ。しかし、そうするには、原木がよほど素性のいいものでなくてはならない。ましてや、薄い経木のような材料を取るには、木をマグロにたとえれば、オオトロの部分しかつかえない。現在では、樹齢の高い、素性の良い木は、おおかた伐り尽くされてしまった。いちど木を伐れば、その後数百年待たなくては、木を手に入れることはできない。秋田の「稲庭うどん」の包装は、かつては能代杉のへいだ薄い板、経木をつかっていた。それは自然を活かした贅沢で美しい包装だった。木曾ではかろうじて「へぐ」技が数人の職人によって遺されているために、木曾福島では「へぎ」を「はぎ」の木曾の方言だとしているが、それは違う。真っ直ぐなヒノキなどの針葉樹を、割って裂いた「ヘギ」、「へグ」ということばは、かつてひろくわが国でみられた技を表わすことばであった。桧笠の「ヒデ」が木を割ってつくっていたことを知る人も、いずれいなくなる。

村地忠太郎のヘギの曲物のしごとや、割った「ヒデ」で編む桧笠と、「ろくろの木地屋」の挽物について、『木地師の習俗2』につぎのように書かれている。

「折敷（松本：おしき）」とは、もともとろくろを用いないで曲げてつくる木地工芸のことをいい、ろくろ師とは木地挽き（松本註：「ろくろの木地屋」のこと）、杓子師、曲師、塗師の職者の総称であり、したがって折敷業者もろくろ師であることに変わりはない。檜を薄く皮状に割って製品をつくっていた曲師は、経済交易の発展によって細分かつ分派して、長野県西筑摩郡南木曾町の蘭《あららぎ》ろくろ師のように、木曾檜傘の大量生産に移っていったものもある。

中部地方脊梁山脈地帯は檜と栃の天然林であったから、栃材による木地と檜材を割ってつくる折敷業者の二つに分派し、両者それぞれが共存しているのが特徴である。たとえば、長野県吾妻村（南木曾町）では漆畑部落が木地部落であり、他の全部が檜傘部落である。漆畑部落は第二派ないし第三派による君ヶ畑（松本註：近江国東小椋村にあった二ヶ所の木地屋支配所の一つ）系であろう。蘭部落を中心とする諸部落は、おそらく第一波ごろの君ヶ畑系と考えられる。

いまから四十二年前に書かれたこのことは、わたしの胸にすとんと落ちた。村地忠太郎のような、ヘギで曲物をつくる職人を、昔、「檜物師《ひものし》」といい、つくったものを折敷ともいった。師のしごとと、桧笠の材料「ヒデ」をつくるしごとはつながっている。また、「お六の櫛」は「ろくろ師のつくった櫛」であり、「木地屋名物お六の櫛」の民謡の歌詞にも合点がいく。そのほかにも、これらの視点に立つと、わたしには蘭と廣瀬にはなるほどと思いあたることがいくつかある。今後、さらに調査を進めたい。

*

南木曾は、遠い昔に「ふるさと」である近江国愛知郡東小椋村を出て、山々を歩きつづけてきた人びとが、明治時代を迎え、住み着いたところである。そこでは、それより遠い昔から、桧笠、お六櫛、この地では「木履《ぼくり》」といわれた下駄がつくられていた。

曲木細工および小白木搬出を事とした信濃の山人たちは、お六櫛を考案した木工芸術の民族であった。（中略）

お六櫛が吾妻村を原産地となされ塗師源右衛門（松本註：藪原の人）に依って考案されたるものとすれば、算盤の製造等と共にまたこの淵源を轆轤師制度の人に縁故せしめる事が多いのではないかと思ふ。下駄の製造の如きも簡易なものの如く考へられるが、仲々の困難なるコツを有するものでやはり徒弟制度による秘藏裡に伝へ来つたものが多い（後略）。（『きじや』杉本壽、未來社、一九八四年）

「信濃の山人たちは木工芸術の民」であったことを想いながら、わたしは豊かな木々に恵まれた木曾の山々を臨む。

蛇《じゃ》の踊りくだる山々

「蛇抜《じゃぬ》け」。木曾福島でも耳にしたことのないこのことばを、初めて南木曾で聞いた。「蛇抜け」、それは山津波や土石流のことである。

昔から、南木曾は「蛇抜け」の多いところであった。蛇抜沢、蛇抜橋など「蛇」のつく地名や、ほかにも過去の「蛇抜け」を表わす地名が多く遺る。また、沢筋には、山の上から押し流されてきた大きな岩をみることがある。

南木曾駅近くに「悲しめる乙女の像（蛇ぬけの碑）」がある。碑は、一九五三年七月に犠牲者三人を出した「蛇抜け」の被害があり、その霊を慰めるために、災害から六年後に建てられた。「蛇ぬけの碑」にはつぎのように、「蛇抜け」の前兆が記されている。

白い雨が降るとぬける

尾先　谷口　宮の前
雨に風が加わると危い
長雨後、谷の水が急に
止まったらぬける
蛇ぬけの水は黒い
蛇ぬけの前にはきな臭い匂いがする

「白い雨」とは、一時間に五十ミリ以上の激しい雨が降り、周囲が白っぽく見えることである。「尾前（先）、谷口、宮の前」とは、古くからいい伝えられる、住家を建てるのを忌む場所で、「尾先」は山裾で一段小高く突き出ている所、「谷口」は谷の入口、「宮の前」は神社やお寺の門前を指す。大雨が降りつづいているのに、沢の水が止まったら「蛇抜け」の前兆である。

＊

「蛇抜け」を初めてこの地で耳にしたとき、わたしは南木曾の山を駈けくだる大蛇のすがたを思い描いた。そして、南木曾の山々では、ときどき大蛇が踊るように山を駈けくだるのだと思った。大きな被害をもたらし、多くの悲しみを生む「蛇抜け」である。

蘭の岩田悦治に、「なぜ、山津波を『蛇抜け』というのか」と訊くと、「蛇抜け」を目のあたりにした思いをはなしてくれた。「『蛇抜け』が起こるとき、山津波の先端は立ち木が立ったまま、ものすごい勢いで押し流す。その様子が、鎌首をもたげた蛇のようにみえるからじゃないか」といった。わたしは目をつむって、大蛇が山を駈けくだるすがたをこころに描いた。蘭の人がその実際を目のあたりにしたはなしは、まことに荒々しく、さらにわたしの想像をかきたてた。

この二年間、かつて山を歩いた「ろくろの木地屋」のことを知ろうと、訪ねたり滞在させてもらった南木曾には、クマもイノシシもサルも頻繁に出没した。「このところはおかしい。何年か前までは、こんなことはなかった」と地元の人たちが口をそろえていう。

南木曾。古の時代から森に立つ木々の生い茂る山々に、かつて山を歩いた木地屋の群れをこころに浮かべ、そこに動物たちの群れと、踊りながら山を駈けくだる大蛇を配せば、幻想的な植物と動物の幾何学文様が一面に描かれた、壮大なドームがわたしのこころに出現した。

*

蘭の尾崎きさ子は、よく昔のはなしを聞かせてくれる。「きさ子」を始終いい間違えて「さき子」といってしまうわたしに、「どうして『さき子』というかなぁ。如月《きさらぎ》に生まれたもんで『きさ子』とつけたとこやれ」と威勢のいい蘭弁で早口にいう。漁師町の漁師ことばのように、南木曾の山には元気のよい蘭弁。ちなみに、わたしはきさ子を、いまでは土地の人が呼ぶように「きさ子姉《ねえ》」という。

どこにいっても、わたしはその土地のことばを耳にしていることが心地好い。絶えず土地の人のことばに耳をそばだて、覚えたことばをつかってみる。そうして覚えた南木曾のことばのあれこれも、幻想のドームに放り込む。

南木曾岳のふもとに住むきさ子姉に、「蛇抜け」について訊く。子どもの頃のきさ子は、父親が「蛇《じゃ》が狂ったぞ」とか「蛇がクンデくる」といったのを覚えている。

「蛇がクンデくる」がわからないというと、きさ子は「山にはホラやネがあるだろ？」といった。なおさらわからない。ホラやネとはなんだろう。「アンタ、山、みたことあるだろ？　山は三角になっとるんじゃないぞぉ。山は波々となっとるのを知らんかぁ。引っ込んだところがホラ、高いところがネ」ときさ子はいう。わたしは一呼吸おいて、「ああ、ホラは洞と書いて谷のことで、ネは尾根のことだ」と思う。きさ子は、「一洞《ひとほら》クムと、砂が固まる。それが破れて、下の方に流れりゃ、田んぼや家はクンデしまって砂場になる。『蛇抜け』はなぁ、ゴンゴンゴンゴンと音がして、濁流となって材が縦になり、横になって荒れ狂うんだぞぉ」といった。また、「蛇はカミから出てくる」ともいうのだった。山の高いところから蛇は駈けくだる。

きさ子姉は帰りしなに、手づくりのおはぎと、姉がたいせつにつかっていた、平沢で求めたお六櫛をわたしにくれた。そして、「一生だいじにしてくれ」といった。

二〇一一年三月末、きさ子と電話で話していた。きさ子は、「アンタも、東北の大津波をテレビで観ただろう。『蛇抜け』は津波より幅が狭く、十メートルくらいのものだが、家や物が流される様子はおんなじだあ」といった。そして、何十年も前に、逃げ遅れたおばあさんごと家が流されていった「山津波」＝「蛇抜け」をきさ子は思い出していた。

南木曾で出会った年配の人たちは、皆、遠くを見つめるようにして、みずからが見聞きした「蛇抜け」のはなしをしてくれた。「蛇」にまつわる伝承があるかと聞いてみたが、そのときはわからなかった。あきらめかけていたときに、「妻籠を愛する会」小林俊彦の『地名考　廣瀬村』(財団法人妻籠を愛する会、二〇〇九年)に、「蛇抜け」について書かれているのをみつけた。これだ！　と思った。これこそが、古から南木曾の人びとのこころにあった「蛇抜け」に違いなかった。

龍王の碑、蛇抜けの神様。

昔の人は、蛇抜けの起きる原因は、蛇が山に千年住んで白蛇と化し、神靈の力を得て、海中の龍宮に参向して、龍王から玉を頂戴すると、昇天の資格が出来る。蛇から龍に昇格して、天に昇り不死の寿命を得るという信仰があった。山に千年住んだ蛇が、多くの眷属を引き連れて、龍宮を目指して行く現象を蛇抜けといった。その現象を事前に防ぐため、蛇王・龍王を籠の中に閉じ込める呪術を、修験者によっておこなった碑である。

（松本註：廣瀬の井戸沢《いざたに》には）龍王の碑が祀られている。碑は、岩にしっかり包み囲まれている。この碑は、大蛇抜けのあと、再び蛇抜けが起こらないようにと、蛇王・龍王を封じ込めた呪術の跡である。

*

南木曾の昔のはなしを聞きたいわたしは、シガ子に蘭に住む尾崎きさ子、岩田悦治、神原眞吾・いなヱ夫妻のところにつれていってもらった。いまは漆畑の木地屋の女房となったシガ子は、廣瀬の出身で、年長のこの人びととは古くからのなじみだ。

事前に、岩田や神原のところを訪問してよいかと電話をかけるシガ子は、電話口で相手に「こなたは……。こなたは……」と語りかけた。「あなたさま」の意の「こなた」という優しい響きをもつことばを、わたしは美しいと思った。蘭で、木曾の民謡や桧笠やお六櫛や馬頭観音や蛇抜けの話を聞き終え、家を辞するとき、シガ子はいつも人と別れるときにそういうように、「悪かったネェ、スミマセン、スミマセン」と繰り返し、最後に「ありがとさま」、と「が」にアクセントのある挨拶をした。幾度もわたしのために頭を下げ、「ありがとさま、ありがとさま」と礼をいうシガ子の背にわたしは立っていた。ちなみに、「悪かったネェ、スミマセン」はシガ子だけではなく、南木曾の多くの人が別れ際にそういう。空き家に住みはじめるとき、水道の栓を開けに来てくれた役場の職員は、立会いのわたしに、「スミマセン。悪かったネェ」と挨拶してくれるので、依頼者のわたしの方が恐縮した。

のちに、「悪かったネエ、スミマセン」は礼をのべているのだと、正幸の妻の敏子に教えられる。「『ありがとうございました』だと、あまりに他人行儀だからね」と敏子はいった。いつもへりくだるようにして、相手を気遣う南木曾の人たちである。蘭では、わたしは別れ際に男の人たちからは資料を、いなヱからはかつて三留野《みどの》でつくられたという両歯のお六櫛をもらった。シガ子は幾度も相手に「いいんですか？　いいんですか？」といったが、わたしはといえば、大きな声で「ありがとうございます！」というと、すぐさまもらったものをもっていた手提げに入れた。

漆畑の工房にて

二〇〇九年、夏。工房やまと。

大きな水車の回る横に建つ、石置き屋根の工房の戸を入ると、右手は漆の、左手はろくろの仕事場になっている。階下には鍛冶場《かじば》がある。

ろくろの仕事場には、薪ストーブが据えられ、寒くなると火が入る。天井は格子の簾棚《すだな》になっていて、粗挽《あらび》きした木地が幾重にも積み上げられている。

この仕事場で、木地屋は、通路より三十センチほど高くなった床にあぐらをかいて座り、両手で長さ五十センチほどの棒状の鉋を握り締め、正面のろくろに打ちつけた材に向かう。木地屋と正面のろくろとのあいだには、「軸つぼ」といわれる四角い穴が開いている。「軸つぼ」のなかには、ろくろで材を挽くときに鉋で削られた、細かい鉋屑がいっぱい落ちている。ちなみに、「軸」とは「ろくろ」のことである。

「ろくろの木地屋」の想いは、その少し丸めた後ろすがたに滲む。木の命をいただき、その木に新たな命を吹き込もうとする木地屋の後ろ姿からは、数百年山に生きた木への祈りが伝わる。

わたしは仕事場の入口の近く、窓を背にして、木地屋がどっかりとあぐらをかき、左右にゆっくり大きく体を揺すりながらしごとをするその背後に立ち、鉋と材の接点から散る鉋屑と、すこし前かがみになった木地屋の大きな背中をみつめている。

小椋榮一が木地鉢を挽いているところ。

「ろくろの木地屋」がろくろに向かうすがたは、祈りのかたちをしている。

＊

二〇〇六年七月。上松技専の鍛冶場。入学以来、教わってきた鉋刃の刃研ぎや、教科書や黒板をつかっての「座学」が一段落し、これからはそれぞれの専門の外部講師の先生から実技の授業を受けることになる。この日から、「南木曾ろくろ」の授業がはじまった。ろくろの実習がはじまるにあたり、まずは鍛冶場で鉋をひとり三本ずつつくるのだ。

鉋にはさまざまな種類があり、用途に応じてつかい分けることを入学後に知った。鉋は四角いものとは限らない。丸い棒状の鉋には槍鉋《やりがんな》やろくろの鉋などがある。

鍛冶場では、レンガを数段積んでつくった簡易な炉に、髪を乾かすドライヤーに似た電気のブロワーで風を送り込み、炭とコークスを千三百度の高温に熱し、ハイス鋼《こう》といわれる「高速度鋼」を赤く焼き、鍛えて鉋をつくる。ブロワーがつかわれる以前は、鞴《ふいご》をつかっていたのだ。

赤いハイス鋼を、相対するふたりで槌《つち》打つ、「ハイッ！　ハイッ！」の大きな掛け声があたりに響く。夏の日、赤く鋼を熱する、三方を囲んだ鍛冶場はたとえようもなく熱く、ハイス鋼を叩く槌は重い。鍛冶場にいるだれもが、作業着の下は汗みどろなのであった。

木芸科の実習室には、ひとり一台の電動ろくろが用意されている。陶芸のろくろは回転軸が垂直だが、木地屋のろくろの回転軸は水平である。学生のつかう電動ろくろは、一分間に三百〜千七百回転する。レバーの操作で、速度の調節や逆回転ができるようになっている。プロのつかうものは、さらに回転数が高い。

学生のだれもが、技専で初めてろくろに取り組んだ。熟達のきわめて早い学生もいるなか、「たまに、ろくろの実習が怖いという学生がいる」と担任の先生はいわれたが、まさしくわたしがそれだった。材は簡単にろくろに取り付けてあるだけなので、うまく鉋を材に当てられずに引っかけてしまうと、材は回転方向にすっ飛んでいく。技専の実習室では、それぞれの作業スペースの間にカーテンが引かれ、たとえしくじって材が右横に飛んでいっても、隣の学生がケガをしないようにしてある。同級生のなかには、卒業後、ろくろを一生のしごととしていく人があるなかで、落ちこぼれのわたしは、卒業後は、天からろくろとは縁がないものと思っていた。そんなわたしが先生やほかの学生に迷惑をかけ、みずからも怖い思いをしながらも、技専でろくろの工程をすべて体験できたことが、将来、活きてくることがあるなんて、そのときはまったく思いもしなかった。

＊

「ろくろの木地屋」というと、「木を丸く挽く職人」と人は考える。世間に、木地屋のすがたが映像で伝えられるとき、木地屋はろくろで挽くすがたしか紹介されない。しかし、木地屋は木を丸く挽く前に、「鍛冶屋」である。「ろくろの木地屋」は、まず鍛冶屋をして刃物をみずからつくってから、ろくろのしごとに取りかかる。

工房やまとの鍛冶場では、クリ（栗）の炭をつかう。一八七六（明治九）年生まれの漆畑の木地屋大蔵政弥《まさや》も、一九四三（昭和十八）年に、「鍛冶炭は栗の炭」といっている（『続信濃民俗記』向山雅重、慶友社、一九九〇年）。漆畑の木地屋は、昔から鍛冶炭に栗の炭をつかってきたものだ。「栗の炭は高温になるのと、すぐに消えるからいい」と榮一はいう。木地屋は道具ができれば、すぐに木地を挽くために鍛冶場を離れるからだ。

炭に電動ブロワーで風を送りながら、温度を上げる。高温になったところに、鋼《はがね》やハイス鋼の先を突っ込む。

榮一は「赤だと熔ける。生だと折れる。いいとこを見てる。ハイスは黒くなって叩くと割れる」、と現場にいる人ならではの金属の熱し加減を教えてくれる。熱くなった丸いハイス鋼の先を槌で叩いて平らにし、さらに先を曲げる。その後グラインダーや砥石で刃をつける。砥石は、お六櫛のようなかたちをした「クシ砥《ど》」である。

鉋は、用途に応じて、その先端の部分の刃のかたちをつくる。ツボ鉋、シャカ（仕上げ鉋）などである。


漆畑では、人力による「手挽きろくろ」から、一八九二（明治二十五）年にその動力が水車に変わり、五十年ほど前からは電動になった。手挽きろくろのあとに、足踏みろくろをつかったところもあるが、漆畑ではつかわれなかった。

ろくろの材の木取りには、横木取りと縦木取りがある。漆畑では横木を挽く。かつて伊那にいた木地屋も横木を挽いた。こけしも「ろくろの木地屋」のしごとであるが、こけしは縦木を挽いたものである。横木と縦木のろくろのしごとでは、つかう樹種もしごとのやり方も違う。縦木のしごとは、木材の乾燥率の違いから、横木より狂いがすくない。しかし、横木のしごとは「まったりしていてい」と又従兄弟の小椋正幸と小椋一男は、かつての漆畑部落を歩きながらいった。「『まったり』って？」と幾度もわたしが聞いても、正幸と一男は「『まったり』だよなぁ」とふたりのあいだの符牒のような「まったり」を繰り返し、顔を見合わせて、嬉しそうに笑った。横木のしごとは縦木のしごとのようにピシッと精密でなく、人間味溢れ、かえって「まったりして」よいということだとわたしは思った。ふたりの木地屋は、あえて手仕事の跡を残したまったりした横木の木地のしごとに、誇りをもっているのだろう。

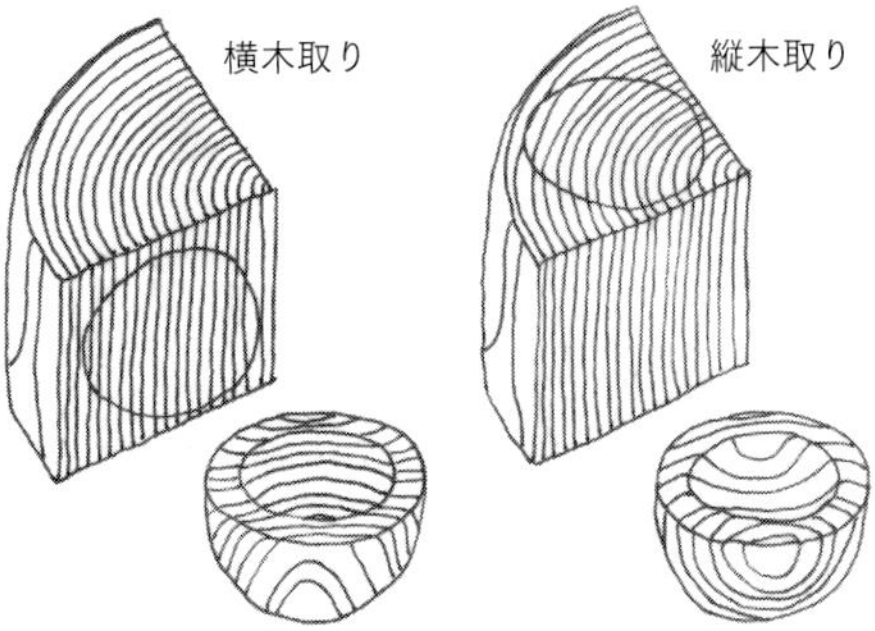

材をろくろの爪《つめ》に打ちつける。ろくろで材を回転させてしごとをするために、材の中心をろくろの爪に打ちつけるのだ。小さな材は玄翁（トンカチ）をつかう。大きな材は、その中心を長くて太い「ジクネンボウ」でろくろの爪に叩き込む。「センター出し」というその作業をうまくやらないと、中心がずれて材はゆがんでまわることになる。

「ジクネンボウ」は、長さが百二十センチくらいで、太さは太いところで直径十センチほどである。長い年月つかわれてきたであろう、工房やまとのジクネンボウは、樹種はわからないが、いい艶が出ている。榮一はその棒を、「ジクネンボウ」とか「ジュクネンボウ」といい、「どんな字をかくのか、わからない」といった。

「ジクネンボウ」。「ジク＝軸＝ろくろ」のこと、「ボウ＝棒」であることはわたしも想像がついた。「ネン」はどのような漢字を当てるのだろう。

橋本鉄男は、著書『ろくろ』（法政大学出版局、一九七九年）のなかで、「軸捻棒」としている。「捻」は「ねじる」であるが、「ジクネンボウ」をつかってする動作は、ろくろの爪に材を打ちつけることで、捻る動作はない。だから、「ジクネンボウ」の「ネン」は「捻」ではないとわたしは考えた。

多くの人に「ネンボウ」を知っている人はいないかと声をかけた。新潟に住む友人は、ネンボは新潟の幼児語「ウンチ」のことだと教えてくれた。

そうこうするうちに、富山県の北日本新聞社のインターネット記事に、「ネンボ」をみつけた（「上平村ふるさとメール四十三号」二〇〇四年二月十二日発行）。

『五箇山の四季とくらし』～民具・ネンジョ（赤尾谷）ネンボ（上梨谷）～

茅運び・ホエ（柴などのたきもの）カヅキ（担ぎ）などの山仕事や、城端へのボッカに欠かすことのできない手作りの荷杖のことである。杖の上部は、T字形になり、握りやすくなっている。長さは90センチ程の木の杖である。荷物を担いだまま荷の尻にあてがって小休憩したものであった。一本のネンジョに背中の重さを委ねることによって疲労を和らげる方法は、腰をおろしての休憩よりはるかに合理的であった。ボッカは何人かが列を作っていたので、先頭の者の「ネンボするぞ」の合図で、立ったまま小休止した。出発する時は「はい」の合図で発った。合図に合わせないとぶつかるので危険であった。利用範囲はこれだけではなく、上り坂では杖であり、悪路では身体のバランスをとって安全を保つ。しかし、下手に使うと荷物もろともひっくり返ってしまうのである。ネンジョは手作りで、ナラやブナ材をナタでハツリ（そぎ落とし）、長さはひとりひとりの身体に合わせてある。焼け火箸で編み目模様を入れたり、摩滅を防ぐため、杖の先に鉄の輪をはめたりしたものである。

なお、記事にある「ボッカ」は、「山を越えて荷を運んだり、山小屋へ物資を運んだりするのを仕事とする人」（広辞苑）。「歩荷《ぼっか》」は、また強力《ごうりき》ともいう。

柳田國男は一九〇九（明治四十二）年に、木曾の上松から五箇山へ旅し、この杖について、「ベースボールの棒に撞木（松本：しゅもく）を取附けたやうなる短き息杖」と書いている（「秋風帖」『放浪旅読本』種村季弘編著、光文社、一九八九年）。

その後も「ネンボウ」を調べていると、長野県上田市で文化財指定をされている「ネンボウ岩」という五～六十メートルの直立した大石柱があることがわかった。上田市役所に電話でいわれを尋ね、担当者は地元のひとにもはなしを聞いてくれたが、わからなかった。しかし、その人は「長野県では、もちやうどんののし棒をネンボというところがある」と教えてくれた。『長野県方言辞典』によると、「ねんぼ」は富山と長野両方の意味が書かれてあり、さらに、「この棒はまっすぐな細い一本の木から取る。太い木を割って作ると曲がってつかえなくなるからである」とある（馬瀬良雄編、信濃毎日新聞社、二〇一〇年）。

向山雅重は「ネンボウ」を「ニンボウ（荷棒）」と書く（『続信濃民俗記』）。富山と長野に共通するのは、「ネンボ」は、一本の木からつくった、真っ直ぐな棒のことである。だとすれば、「ジクネンボウ」は、「ろくろに材を打ちつける真っ直ぐな棒」のことだ。そして、家にある一本の棒には、いくつかの役目があったのかもしれない。知識だけでは推し量れないけれど、実際にやってみてわかることがある。技専の劣等生も、与えられた実習の機会になにがしかを学ぶことができたのかもしれなかった。職人のはなしを聞かせてもらい、すこしでもそのこころに近づきたければ、現場を踏まなくてはならないとそのときも思ったものだ。

職人は口伝えで道具の名を覚える。たとえば、木曾福島の村地忠太郎は、「銑《せん》」という両手に柄がつき、手前に挽いて木を削る道具を「サット」といったが、字はわからなかった。わたしがそのいわれを尋ねると、師は「『さっと』削れるからそういうんじゃないかな」とイタズラっぽい笑顔でいった。職人のつかう道具の名は口伝え、音で伝わる。「ジクネンボウ」のはなしを正幸としていたら、正幸は「『ジュクレンボウ』だと思っていた」と意外なことをいった。

「ジュクレンボウ＝熟練棒」、なかなかいいじゃないか。だいじなのは道具の名ではなく、いいしごとができるかどうかだ。

ろくろの前にあぐらをかいて座る。鍛冶でしあがった鉋の柄を右手で握り、左手はろくろの刃の先端に近いところをもち、鉋枕《かんなまくら》に置く。ろくろをまわす。材と鉋の接点から、鉋屑が散る。

鉋屑はからだ中のあちこちにくっつく。ろくろのしごとが終われば、作業場を出る前にエアーで鉋屑を吹き飛ばす。エアーがない時代の木地屋の家は、きっと、布団の中まで鉋屑だらけであったろう。ろくろのしごとをするときに靴下をはいていれば、靴下は鉋屑だらけになる。技専のろくろの授業中に、先生が「木綿の足袋には鉋屑がくっつかない」といわれたので、しごとはとんとできないのに、いつも道具だけはそろえたい質のわたしは、わざわざ木曾福島の呉服店まで電車に乗って足袋を買いに出かけた。

＊

いまはレバーをまわしたら、回転をはじめる電動ろくろだが、遠い昔から明治の中頃までは、人力の「手挽きろくろ」であった。ひとりが軸に巻いた紐を引き、もうひとりが材を鉋で挽いた。大蔵政弥は、七十年前にろくろについてつぎのように語っている（『続信濃民俗記』）。

軸物（掛軸）を巻くと、くるくると廻転する。これから考えついて轆轤が工夫されたというが、ロクロの軸へ綱を三、四回巻きつけ、その両端を交互に引いて廻転をつけ、ロクロの一端にうちつけた材をカンナでひくというのが昔からやってきた手挽きの方法で、長い間に改造の腹もなかった。ところが明治二十三年に、下伊那郡喬木村阿島のカラカサの頭を木地屋でないひとが水車の動力でひくのをみた。これを見真似して製糸用のギリをひいてみた。具合がいい。そしてこれでワンもひける。それで明治二十五年頃手挽きを廃して水車にした。これでやるときれいにひける。二人の仕事を一人でというより、三人の仕事を一人でできる。それにウチキリが少なくていい。それで女の手間が一つ空いた。二人でギリをひく、この二人で十のものが、二人で百ひける位の進歩になった。以前は大きいものは手綱に二人ついて三人掛りでひいたものだが、三人で五つのものを、この改良で一人で三十位ひけるようになったわけである。

水車を動力とするようになり、ろくろで挽くにも効率が格段によくなったが、大蔵政弥のつぎのことばがいい。わたしはそういう人もあっただろうなぁと思うのだ。

それでも慣れたことというものはいいものらしく、この水車をはじめても前のことがいいといって、二年位はもとの手挽きでやっていた人があった。

「ろくろの木地屋」は山を歩いていたときには、ろくろを担いで移動しなくてはならなかった。ろくろの「改良」といっても、大きなしかけをつくっても、ひとところに住み着いてつかうわけではなく、木地屋がつかうろくろは、山で持ち歩けるものでなくてはならなかった。だから、いわば「ポータブルな」手挽きろくろが長くつかわれることになったのだろう。

工房やまとの横でまわる水車。それは、ここ漆畑の木地屋が五十余年前まで水車でろくろをまわしていた面影を忘れまいと、いまに遺したものなのだ。わたしは一年前に、水車の前で記念撮影をしながらも、そのことに気づくことなく、ただ水車がまわる様子がめずらしく、水車をバックに記念撮影をして帰った。未知の場所を、なにも知らずに通り過ぎてしまえば、そこに生きる人びとに思いを致すことができない。

ろくろは人力から水車に動力が変わり、飛躍的にその生産量が上がった。木地屋はどんなに嬉しかったろう。しかし、寒い時期には、水車についた水が凍り、水車は回らなくなった。その氷を叩き落としていた人が、水車に巻き込まれて亡くなる悲劇もあった。寒い時期は、明け方に水車が凍るので、木地屋は夜遅くまでしごとをしたという。

電力でろくろを回すことができるようになると、仕事場の立地条件は必ずしも水車をまわす水場の近くでなくともよくなる。寒い時期でも、水車のように凍りついてしまうことがないから、時間に制限がない。一九五九（昭和三十四）年の伊勢湾台風のあと、蛇抜けを怖れて、ほとんどの家は漆畑部落の四十メートル上に位置する「保神」に移り住む。小椋榮一家は父友市が部落を離れたがらなかったために、最後まで漆畑に留まり、一九七七（昭和五十二）年に、国道二五六号線沿いの保神からすこし下った幸助地区に移る。榮一は水車から電気に動力が代わる時代を生きた。

一九七〇年代に入ると、「ろくろの木地屋」を取り巻く状況はさらに劇的に変わる。日本各地から観光客が押し寄せ、つくってもつくっても間に合わない「木曾路ブーム」を迎えるのである。

南木曾の「ろくろの木地屋」

小椋榮一は、一九三七（昭和十二）年四月一日、南木曾町漆畑の、代々つづく「ろくろの木地屋」の家に生まれた。父は友市、母はセキ。父方の祖父小椋榮太郎は、明治時代のはじめに、伊那からやって来て、南木曾に定着した木地屋である。榮一は祖父榮太郎から数えて三代目の南木曾漆畑の木地屋である。榮一の母セキは大蔵家の出であり、母方の家系をたどれば、漆畑墓地の石碑に「木地先祖」として名を遺す、大蔵勝太郎から数えて六代目にあたる。

＊

「木地屋のふるさと」近江国東小椋村の蛭谷、君ヶ畑の根元社寺は、二百五十年間にわたり、東小椋村から五〜七年おきに、巡廻人が日本各地の木地屋のもとを廻った。そのことを「氏子かり」という。その貴重な記録、蛭谷《ひるたに》──「氏子駈帳《かけちょう》」（五十一冊）、君ヶ畑──「氏子狩帳《かりちょう》」（三十四冊）がいまも遺る。蛭谷が一六四七（正保四）年から一八九三（明治二十六）年、君ヶ畑が約半世紀遅れて一六九四（元禄七）

年から一八七三（明治六）年までの「氏子かり」の記録である。また、蛭谷の「大岩助左衛門日記」には、一五七六（天正四）年のものが最初の氏子駈だとある。蛭谷・君ヶ畑の巡廻人が廻った地域は、北海道と離島を除くほぼ全国にわたる。それは時空を越えた、列島に散在した木地屋と、「ふるさと」から各地の木地屋を廻った巡廻人の壮大な歴史ドラマを想わせる。

氏子駈帳や氏子狩帳をみれば、「いつ、どこに、だれがいたのか」、ひとりひとりの木地屋が山々を移り住んだ記録が遺された、それはとてつもなく貴重な資料である。かつて、列島の各地に散在した「ろくろの木地屋」の足跡を、数年おきにたどることができるなど、わたしには考えもおよばないことであった。

榮一の祖父小椋榮太郎は、一八六一（文久元）年生まれの、山を歩いていた木地屋であった。

蛭谷の氏子駈帳には、一八七八（明治十一）年の「南木曾町吾妻」に「小椋榮太郎」の名があり、このことから、当時、十七歳だった小椋榮太郎が、南木曾に定着したことがわかる。同じ年には、十五戸七十人分の寄留届が、現在も南木曾町に遺る（『南木曽町誌　通史編』南木曽町誌編さん委員会、一九八二年）。氏子駈帳には、その戸主の名すべてと、それぞれが寄進した額が書かれている。なぜ、これほど多くの木地屋が、伊那から南木曾を目指してやって来たのかについては、章をあらためる。また滋賀県東近江市に現在も保管されている、明治時代の蛭谷木地屋の戸籍には、一八八二（明治十五）年に小椋榮太郎は一八三四（天保五）年生まれの母スヱとふたりの世帯の筆頭に書かれている。そのとき、榮太郎は二十一歳、スヱ四十八歳とある。

小椋榮太郎の名を、文書のなかで最初に見い出すのは、一八七二（明治五）年の君ヶ畑の氏子狩帳である。「下伊那郡根羽村」に「小椋榮太郎」の名があり、「男壱人、女三人」とある。この氏子狩帳の記載から、榮一の祖父榮太郎が伊那からやって来て定住したことを知る。

その後、一八七八（明治十一）年と一八八〇（明治十三）年の蛭谷の氏子駈帳に、小椋榮太郎の名が「南木曾吾妻」にある。一八九三（明治二十六）年には、なぜか小椋榮太郎の名はなく、大蔵榮太郎とある。

小椋榮太郎と大蔵榮太郎。木地屋の姓は、ときに「小椋」から「大蔵」に、また、その逆に変える例がある。また、文書に記すときや筆写するときに、誤記がないとはいえない。ちなみに、榮一の父小椋友市は、『漆畑記録簿』（『近代民衆の記録4　流民』、新人物往来社、一九七一年）の「昭和弐年一月二日ノ調査」には、兄の長太郎が「小椋長太郎」とあるが、友市は「大蔵友市」とある。一九四〇（昭和十五）年に漆畑墓地に建立された「木地先祖」の碑を建立した、二十八人の名には「小椋友市」とある。榮太郎も友市も、ある時点の記録に「大蔵」姓であったことは、なにを意味するのか。その理由はいまはわからない。今後は、同時代の三河の木地屋との関連を調べたい。

＊

小椋榮一の父母である友市とセキの間には、七人の子があった。榮一は、上に三人女の子がつづいたあとに生まれた長男である。一九三四（昭和九）年、祖父榮太郎が死の床にあったときに三番目の姉が誕生したが、榮太郎を気遣った周囲は、「男の子が生まれた」と伝えたという。それほど、木地屋の跡取りとして待ちに待たれた長男榮一の誕生であった。四月一日生まれの榮一は、すこしでも早く家業の手助けとなるよう、一学年早く小学校に入学した。そのことを後年、榮一は「低学年のうちはエラカッタ」と木曾福島の興禅寺の住職夫人に語っている。榮一は、木地屋の家の貴重な男手だったのだ。

代々木地屋の家に生まれた榮一は、将来は木地屋になるものだと思って育った。

小学生のときから、父に「どこそこの山にいるから（学校が終わったら来るように）」といわれ、榮一は学校から帰ると、ひとりで父にいわれた山にいき、父が木を伐り背負えるかたちにしたものを、ともに背中に背負って帰ってきた。榮一は、ひとりで父のいる山の中に行くのがとても怖かったという。木が生い茂った、日中でもあまり日の光の届かない薄暗い山を歩いていると、ウサギでもいるのか藪の中でガサゴソ音がし、頭の上では鳥がバサバサと羽音を立てた。

一九五二年に、学校を卒業した榮一は、母方の本家「丸久」に丁稚奉公に出る。ろくろのしごとを覚えようと出かけるが、初めは雑役や掃除ばかりで、親方からは「オマエなー、仕事に間に合わなくなっても、皆の邪魔になるな」といわれ、情けなかった。三年後に「年《ねん》が明け」、親元に帰り、父とともに山に行き、山から帰ってては水車小屋の中でろくろを挽いた。

一九六八年に三カ年計画で南木曾町妻籠で「妻籠宿保存事業」がスタートし、一九七五年前後の

小椋友市が鋸で玉切りをしているところ。

「妻籠ブーム」、「木曾路ブーム」、「ディスカバー・ジャパン」の流れに乗って、多くの観光客が江戸情緒の感じられる宿場町の町並みをみようと、妻籠宿を訪れた。

当時、マスコミで妻籠宿が取り上げるときに、あわせて南木曾漆畑の木地屋も紹介された。そのときに撮影された友市の写真や映像は、木とともに生きた「木地屋」の雰囲気をいまに伝え、かつての漆畑部落のたたずまいが、その背景に写る。映像に遺る友市の顔。紀州犬のシロを連れ、山で伐った木を下ろすセイタ（ショイタ〔背負子《しょいこ》のこと〕）を背中に背負ってこれから山に入るそのすがた。漆畑部落の地べたに腰を下ろして、太い原木を鋸で玉切りし、ろくろで材（木地）を挽くすがた。小椋友市はからだの隅から隅まで木地屋であった。友市を収めたどの写真からも、木の匂いが立ち昇る。

その頃、漆畑部落にも、よそから多くの観光客がやって来た。その頃のことを思い出して、漆畑の人がふと話してくれたことがある。都会の大学生が家に来て、「家でつかっている囲炉裏《いろり》の自在鉤《じざいかぎ》が欲しい」といった。囲炉裏の自在鉤とは、炉・かまどなどの上からつるされ、鉄瓶・鍋・釜などを自在に上下させるものである。自在鉤の横木は魚のかたちをしているものが多い。長い年月、囲炉裏の煙にいぶされて、趣のあるいい色をしているものを目にする。魚は水に通じることから、囲炉裏の上にあって火事を避けるよう、また、魚にはまぶたがないことから目を離して火事を起こさないようにという意味もある。木地屋の家それぞれがだいじにしてきた自在鉤である。

こころ優しい木地屋の奥さんは、「遠いよそから来た人がそんなに欲しいなら」、と家の自在鉤を五百円で大学生に分けてあげたところ、大学生は「もっと欲しい」というので、部落中の自在鉤を集めて手渡してあげた。「自在鉤をあげてしまったら、皆、どの家も煮炊きができなくなって困ってね」と笑いながら話してくれた。一九七五年頃の純朴な漆畑部落の人びとと、ブームに乗り、木地屋部落に入って来た都会の人たちのすがたを想像しては、わたしは胸が痛んだ。

それでも、漆畑の木地屋の人びとは、百四十年前に初めてやって来た南木曾の地で、木地屋のしごとをたいせつに引き継ぎ、幾代にもわたって山の中にあった先祖もそうであったように、時代に翻弄されながらもたゆみなく前を向き、たくましく歩きつづける。

小椋榮一のしごと1

南木曾漆畑の木地屋の店を訪れた人は、自然の織り成す、それは美しい木の杢目が現われた作品を目のあたりにし、「この世にこのようなものがあるのか」と驚嘆する。山に数百年生きた木のありのままと、その美しさの頂点を引き出したつくり手の技に息をのむ。それは、木を知り尽くし、木と語り合うことのできる人だけが、つかみ出すことのできた木の杢目である。

玉杢《たまもく》、縮《ちぢ》み杢《もく》、絣杢《かすりもく》、笹杢《ささもく》のほか、虎杢《とらもく》、葡萄杢《ぶどうもく》などの杢目。これらの杢目は、木が山で風雪に耐え育つときにできる、自然の芸術である。

『漆畑記録簿』には、「茶盆ニハモク盆、チヂミ盆、コブ盆ヲ上等トス」とある。また、七十年前に、大蔵政弥が杢について語っていること、それは、いまもわたしが漆畑で聞くはなしである。

木の目のあらわれ方でモク（杢）が出たのを珍重するが、これは難儀してヒトナツタ（松本註：「成長した」の意）木でないと出ない。挽割ると、モク目がでる。ケヤキは板目に割ると、ゼヒ（向山雅重

自身の註：きっと）それがある。（中略）

杢物もまたその種類でわけてモク盆、チヂミ盆、コブ盆などよんでいる。更にそれをわけて、玉杢は玉の形、目モクは横にやや長い目のような形、いずれもその形から呼んだもの、根モクはトチの木の根もとから出たもの、シカミは根本の曲ったところをシカミというが、そこから出たモク。チヂミは縞が真直ぐに通っているもので、一寸八チヂミをよろこぶ。つまりチヂミが細かいのが美しい。カスリというのは、チヂミがぱっぱと断れて乱れていたり出たり入ったりしているもの。コブというのは木の瘤、木の吹き出しから出たもので、むらくものようになる。これを一名ハリコブといっている。また、亀甲の形のものをカメガタモクという。これらはなかなか予期したように出てこないもので、いい杢が出たとなると、値段がずっとはってくるので楽しみである。

（『続信濃民俗記』）

また、「神代ケヤキ」のような木は、数百年の間、地中に埋もれていた木である。肌の色は青味を帯び、まるで薄墨を塗ったようなその色合いが美しい。地中で腐るところはすべて腐り、固いところだけが残った化石のような木である。地中にあった木が外気に触れると、酸化し、色がさぁっと変わるのだという。そんなめずらしい杢や神代木が店に並ぶ。

＊

榮一は木をよく知り、木を敬いつつしごとを進める。それは、しごとをはじめるときに、すでに山から下ろされ、板となった木を相手にするのではなく、榮一は森に生きる木の命をいただくところからしごとを覚えたので、なおのことである。一九五九年に伊勢湾台風が、木曾の山の木をつぎつぎになぎ倒していくまで、榮一が父とともに山に入り、ろくろで挽く木を伐り、倒した木のもとに何日もかよいつづけ、背負って山を下ろせるだけのかたちにしてショイタに乗せ、小さな背中にくくりつけて、漆畑の家の水車小屋に下ろすところからしごとを覚えた。少年だった榮一にはなかなかたいへんなしごとであったが、それはまた、自然と人が一体となり、森に生きる木と語り合う時であったろう。機械をつかい、あっという間に木を伐る現代と違い、みずからの手でたいへんな労力と時間をかけて木を伐る時代には、よく木をみつめてどこを伐るかを見定めてしごとをしなければ、失敗し、やり直すのに、伐るのにかけたとおなじだけの労力と時間がかかる。そうしないでよいように、榮一は、木をよくみることを覚えた。木と語り合うことができるようになるまでには、木地屋にはたくさんの苦労があったのだ。

木地屋の木への想いは、ろくろで材を挽き、かたちづくった作品にこもる。じっと杢目の活きる作品をみつめても、わたしはなかなか「ろくろの木地屋」のこころにたどり着けない。

二〇〇九年、夏、榮一と向き合い、そのはなしを聞いた。

「小椋さん、山に入って、ろくろで木地を挽く木を伐り倒すときのはなしを聞かせてください」。

榮一は即座に、「木を伐り倒すなんていわなんで……」といった。わたしは、初め、榮一になにをいわれているのかわからなかった。木は、「寝かす」というのだ、と榮一はいった。

わたしは、それまで「木を寝かす」というのを聞いたことがなかった。「ウィスキーを寝かす」のように、「熟成させる」という意味で「寝かす」ということばをつかっても、「木を伐倒すること」を「寝かす」というのを聞いたことがなかった。

榮一は、「『木を伐る』とか『木を倒す』というのは、ひどいというか……」という。「それに比べて、『木を寝かす』というのは、木に思いやりがあるな」といった。

木地屋が「ひどい」というのには、「酷《むご》い」という意味合いもあるが、人より何倍も長い年月を森に生きてきたたいせつな一個の命である木に、「伐る」とか「倒す」とかいう、自然に対して思い上がった気持ちを諫めたい想いがあったようにわたしは感じる。

きっかけは人に与えられるが、木は人に伐られて倒されるのではない。いわば、木は能動的にみずから寝るのだ。また、人は赤ん坊や病人を寝かせるように、横になりたい木を手助けをさせていただくという気持ちを、木地屋はもっているということだろう。それは、とりもなおさず、木は人とおなじ自然界に生きる一個の命であることを尊び、木を深く思いやる、山に生きた木地屋のことばだった。

わたしは榮一に、「『木を寝かす』なんて、わたしはいままで聞いたことがなかった」といった。すると榮一は、さらに、「木は『ないて寝る』っていうな」といった。そのときわたしは、「木は人に伐り倒されて、『泣いて寝る』のだ。木地屋は、木が泣いて寝る様子も聴き取るのだ」と思った。

＊

二〇〇九年十月に、小椋榮一は社団法人国土緑化推進機構の「森の名手・名人」百人のひとりに選ばれた。そのとき、おなじ木曾郡上松町から吉川康夫七十八歳が選ばれた。一九五五年から四十五年間、木曾の国有林で伐採・搬出作業に従事した。明治時代の木曾式運材方法に精通し、現在は民有林整備を行なう。林野庁長官賞受賞。昭和と平成、二回の伊勢神宮の御杣始祭の儀式に参加し、古式に則り木を斧だけで倒す技術「三つ紐伐り」を指導した。

小椋榮一にはなしを聴かせてもらってから一年後、わたしは上松に吉川康夫を訪ねた。その会社の応接室には小さな毛皮が壁にかかっていた。それは、山に入り、地面に腰を下ろして鋸を挽くときに敷く「腰皮」であった。昔の人は、腰皮を下げて、山に木のしごとをしにいったのだ。

ゆったりした話しぶりの吉川は、長年培った経験に裏打ちされたはなしを聞かせてくれた。

「昔、木を倒すことを「木を寝かせる」といった。子どもとか病人を寝かせるというように、木も寝かせる。そして、木が倒れる場所を「寝床」といった。寝床には枝や葉を敷いて、木が傷まないようにして、木を寝かせた。それぐらいだいじにして木を伐った。思ったとおりのところに木が寝てくれると嬉しかった。

その後、わたしは「榮一が『木は泣いて寝る』とはなしてくれた」と吉川にいった。すると、吉川は「あなたは、木は泣いて寝ると思ってるでしょ」といった。わたしがうなずくと、吉川はつづけて「違うんですよ。鳥が鳴くでしょ。それとおなじで『木は鳴いて寝るんです』」といった。

木は人に伐り倒されて、泣いて寝るのではない。木は意思あるものとして、みずから鳴いて寝る。自然界に人とおなじように尊厳をもって生きる木は、人に寝かされるとき、泣く泣く寝るのではなく、森中に響きわたるような大きな声で、みずから鳴き、叫び、地響きを立て、ざわめいて、誇り高く寝るのだ。

自然のなかで育まれた命をいただいて人は生きる。漁師は海や川の魚の、マタギは山の動物の、木地屋は木の命をいただいて生きる。自然界に生きる命を、人は勝手放題いただいていいわけではない。木地屋は、木の幹に小さく斧を入れ、木を何本も吟味して選りすぐり、寝かせる木を決める。

この日、吉川は、また、小椋榮一が市場で良い木を求めることのできる理由を、三つ教えてくれた。ひとつ目は、榮一が木とはなしのできる人であること。ふたつ目は、度胸がいいこと。三つ目は資金があること。

ふたつ目、三つ目は、たしかに難しい条件だけれど、もしかしたら、ほかにもそんな人はいるかもしれない。しかし、ひとつ目の「木とはなしのできる人」というのは、滅多にいるものではない。長い年季と哲学がなくては、手に入れられる条件ではない。そういう吉川も、榮一とおなじく、木とはなしができる人だからこそいえることであろう。

夏のある日、榮一の孫の女の子と、家の人たちが店のしごとで忙しい日曜日に、ふたりで近くの斜面に咲き乱れる野の花を摘みに出かけた。少女はガードレールの切れるところから山道に入るときに、榮一がいつもするように、棒っ切れをガードレールにカンカンカーンと打ちつけ、大きな音を出してから、わたしを山道に入らせた。野生の動物に人の来訪を告げ、近づかないようにと合図をしたのだ。南木曾に生まれ育つ子は、ごくあたりまえのように、自然のなかで暮らす流儀を知る。

南木曾には、色の違う可憐な花々がそこここにあった。女の子とわたしは夢中になって、山のあちこちに咲く野の花を摘んで歩いた。近くに山並みが迫り、畑ではおばさんたちが、大きな日よけのついた帽子をかぶり、農作業に励んでいた。めずらしい組み合わせのわたしたちふたりに、おばさんたちは笑顔ではなしかけてくれた。豊かな午後のひとときが過ぎていった。

この年の夏、南木曾にはクマとイノシシとサルがいて、自然界のただなかにいることを、いつも思い出させてくれるのだった。

＊

榮一は、わたしに山で木を寝かす様子を語ってくれた。またあるときは、頼まれて木のはなしをしに出かけた。その記録は、私のノートと、会場の録音テープに残る。

一九五五年、榮一がろくろのしごとに就いた当時、漆畑の木地屋は、管轄の林野庁長野営林局妻籠営林署に木を払い下げてもらっていた。その頃、部落には二十戸ほどの木地屋があり、皆で山に入って木を選び、部落に戻って、くじを引く。たとえば、大きい木は三人で、小さい木はひとりでというように分けて、自分の木を定め、払い下げてもらった。

また、蘭には、部落の人が「官員様《かんいんさま》」(「官員」は明治時代の語で、官吏、役人)と呼ぶ営林署の役人の官舎があり、官員様が木の選定にあたったたという。榮一は、「官員様は番兵みたいで、天皇陛下より怖かった」といった。わたしが想像するに「官員様」は「お役人様」より、さらに雲の上の人をいうことばで、木を払い下げる営林署と木地屋の関係が見えるような気がした。

＊

木を寝かす日のはなし。


いよいよ日柄の良い日に、「今日はあの木を寝かしにいこうか」となる。朝、家の神棚にお神酒を供え、手を合わせる。家を出て、目的地に着くと、まずは木の元にいって、木に一礼する。そののち木の元のまわりの下草や、落ちている枝を片づける。

山の木は平らなところに立っているわけではなく、たいてい急な勾配の斜面に立っている。木をどちらに寝かすとしごとの効率がいいかを、まわりの状況をみて決める。

ヒノキやスギなどの針葉樹は直木で、円錐形に枝がついているが、「ろくろの木地屋」は、トチやケヤキなどの広葉樹を挽く。広葉樹は高さが三十メートルあれば、横にも三十メートルある。枝ぶりによって、重心がある方に木はいきたがる。

木はどちらに寝たいかをみるために、木を背中に背負うようにして立ち、枝ぶりを見上げる。葉と葉のアイサ（間のこと）からスコーンとみえる真っ青な空は、清々しいというのか、神々しいというか。そのことは、いまでも鮮明に覚えておる。

木は寝かせさえすればいいというのではなく、木を寝かせた場所で、木挽《こび》きし、ヨキ（斧《おの》）で丸めて、背中に背負えるようなかたちにまでしなくてはならないから、木をどの方向に寝かせるかがだいじだ。

木はこちらにいきたいが、人がこちらにやるということはある程度技術的にできた。受けコといって、寝る方向にヨキを入れてスカス。そして、ヤを入れ、起こしながら伐る。大きな木だと一日では寝なんだが、たいていは夕方までかかれば寝た。四人も、五人もいたらダメだ。ひとりでは危険だから、ふたりでしごとをした。上は親がやれば、下はわたしがやるというように。

かなりの時間をかけて、いよいよ木を寝かせる直前に、山の上から下に向かって、大きな声で叫ぶ。「向山《むこうやま》ぁ、一本、寝るぞぉ！」（ちなみに、木を斜面に直角に寝かせるときには、「横山、一本、寝るぞぉ！」と叫ぶ）。下に人がいるといけないからな。そして、最後のところにヨキを入れる。

簾棚

そのとき、木は鳴く。叫ぶ。ザワザワザワ、バリバリバリ。枝は折れ、すごい風圧とともにドサンとすさまじい地響きを立てて木は倒れる。

その直後、木が寝て、丸い穴が開いたようにスカーッと空が見え、明るくなる。

木の元（「切株」とはいわずに、榮一は「木の元」といった）に、笹を立て、木の命をいただいたこと、無事に木を寝かすことができたことへの感謝をこめて、手を合わせる（木の元に笹を立てるのは、木の再生を願ってのことだといわれる）。

家に戻ると、神棚にお神酒を供える。

その後、天気のよい日に、何日も寝かせた木の元にかよう。木挽きをして、丸を描いて、背中に背負える大きさにして山から背負って下りる。片づくまで、何日もかよう。天気の悪い日には、水車小屋で粗挽きをする。囲炉裏の上の簾棚《すだな》で乾燥させる。

簾棚をつくるには、高さのある家でなければならなかった。簾棚は三、四段になっていて、粗挽きした木地を三人がかりで「出世」させる。最初は高いところの壁際に置き、つぎに二段目の煙突のまわりに出世させ、最後に煙突のそばに出世させる。早いものは、三、四カ月、広ぶたなどは何十年も乾燥させると榮一はいう。

伊勢湾台風を境に、山に入って木を寝かすことはなくなった。営林署がそれから十年、十五年後の計画を立てて伐り出すはずだった木曾の木々を、台風は一夜にしてなぎ倒していったからだ。それは、すごい台風の通過だった。

＊

榮一のはなしを聞いてみれば、『木』について聞かせて欲しい」といったときの、わたしの「木」と、榮一の語る「木」は、おなじ「木」なのに、まったく違うものであった。

想いの違いに気づいたからこそ、榮一はふだんの穏やかな顔に、小さな苛立ちをみせたのだ。きっと、いままで榮一は、都会からやって来た多くの人に、「木」について聞かれるたびに、木地屋の想いをわかって欲しいと願いながら、はなしをしたのだろう。

木曾谷に生きる人は、山の森に数百年生きた木に畏怖と崇敬の念を抱いている。そのことを、わたしは木曾福島のヘギの木地屋について学んだ。師が樹齢の高い木曾ヒノキを押しいただくように扱っているのをみて、衝撃を受けた。それでも木曾福島で手に入れる材は、木曾の森からすでに伐り出された原木であった。小椋榮一のつかう材は、かつてはみずから山に入り、自然界から木の命をいただいて手にしたものであった。師は自然界からいただいた材を押しいただくようにしながら、隅から隅まで残さずすべてを活かし尽くし、小椋榮一は森に数百年を生きた命をみずからの手でいただき、ふたたびみずからの腕で木の命を活かし蘇らせる。そうすることで、木に人も生かしてもらう。

「地球にやさしく」は、「もったいない」となにかを倹約することではなく、生きとし生けるものの「命」に思いを致すことなのだと気づく。ほんとうは木曾谷に生きる人のように、自然を敬い、こころかよわせて、初めて環境にやさしくあることができるのかもしれない。「エコ」といわれて、ゴミの分別や二酸化炭素排出量の削減しか浮かばないのではつまらない。人はあまりに長い時間を自然から遠くに暮らし、たいせつなものをどこかに置き去りにしてきたのかもしれない。遅きに失したかもしれないが、人は自然を活かし、人は自然に生かされることを、いまいちど思い出すことができるだろうか。

木曾でふたりの木地屋に多くを教えられたいま、「地球にやさしく」には、「木を伐り倒す」といってしまうわたしとおなじように、かすかな驕りの匂いを感じるようになる。そして、おなじとき、心底、自然をたいせつに思えば、人が回帰していく先には豊かな想いがひろがっているようにも思うのだった。

山はかつてだれのものでもなく、そこに暮らすすべての人のものであった。その頃、畑も山ももたず、山の木でうつわをつくるろくろと技をもって山を歩いた人は、こころ澄ませ、木魂《こだま》のことばにじっと耳を傾けながら生きていた。

「ろくろの木地屋」は幾世代にもわたって、家族眷属、皆で力を合わせ、山から山へとわたりながら、そのことを繰り返して来た人たちである。あまり多くがひとところに住めば、すぐに良材が尽きてしまうことから、五、六家族がともに暮らし、良材が尽きれば、また、良い木のあるところを求め、こぞというところに希望に燃えて、皆で移っていった。木地屋は、ろくろと、近江国小椋谷からもたらされた「文書」と、鍋、釜、ムシロだけをもち、年寄り子どもを連れ、森の中のすばらしい木との出会いをこころに描きながら歩いていったに違いない。榮一の木への想いを聴いて、わたしはそう信じるようになった。

＊

わたしにはまだ知らないことがある。自分の物差しを脇におき、じっとこころ澄ませなくては、未知の世界はみえてこない。

小椋榮一のしごと2

小椋榮一は、小学生の頃から山に入って父友市の手伝いをした。国有林の払い下げの材だけでは足りず、清内路の山に、父と少年榮一は入っていった。どの谷にどんな木があったか、それから何十年経っても榮一の脳裏にしっかり刻まれている。谷の名ひとつひとつが、少年が父について山を歩き、木やしごとを学んだ足跡である。榮一に、父と入った山について聞くと、手描きの地図をみせながら、説明してくれた。

友市の七回忌にまとめられた追悼文集に、榮一はつぎのように書く。

私も、小学生頃より、父の仕事を手伝った。鍋割沢ではハマ票、利エ門沢、中洞、ロナシ、二百洞、サイスケ、ホーキ、ネジギ、峠の洞、くらとの洞、梨の木沢ではトヨ洞、池ヶ島、中間の逢の根、中の沢では、コブザワラ、ホーエン洞、カンガラスの滝、松たけ城。桂沢の黒岩、一の森峠の洞、長者沢のオオドチ、庄沢、夏焼、ムクリ井戸沢、貝ヶ沢、夏虫、灰焼平、南沢、大沢、迷沢、男垂沢と、数限りない小洞を、背負いに「ショイタ」をつけて、ついていった。

いまでは遠くからトラックで、機械で挽いた板が仕事場まで届く。しかし、榮一が少年だった頃、父について山に入り、木挽きをし、重い荷物を背負って帰ったと思うと、わたしは谷の名を書き写すとき、ひとつひとつの谷の名は榮一のたどった足跡だと思えば、どうしても間違えられないこころ持ちがした。

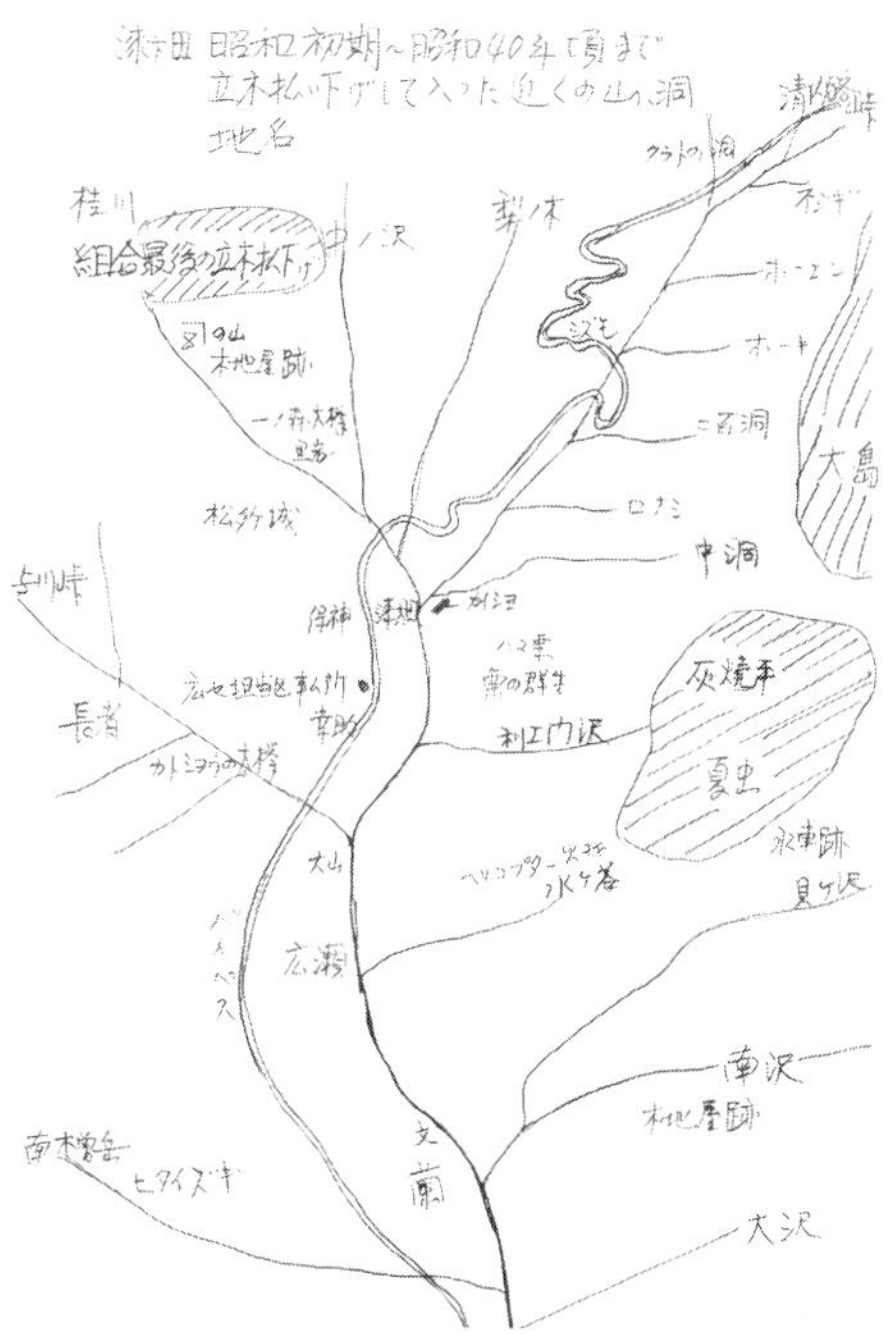

小椋榮一手描きの地図

榮一は、当時の様子を、つぎのように語る。

ふつう川下から奥へ入っていった。また、尾根から尾根にわたり、木のあるところを見た。

トチは沢から一メートルのところにあるものがよく、ケヤキやセンは尾根にあるものがよい。

木地屋は昔から、かたっぱしから

木を伐るようなことはしない。「当見《あてみ》」をした。ヨキで五×八センチほどの大きさで二カ所はつり、「木の性《しょう》」をみた。木地屋は木の性のよい木だけを寝かせたのだ。正幸は、ずっと昔に、木地屋が当見をした跡の残る材を、たいせつそうにみせてくれた。それは、わたしには、昔、当見をした木地屋と、いまを生きる木地屋が、木の性について語り合っているすがたにみえた。

父友市は、榮一に木を伐る時期についても教えた。木は秋伐りじゃなきゃ、ダメだと。

霜月新月に伐った木がいちばんいい。一年中、その一日を待てないから、人の都合で木を伐るのだが、黒柿を挽いていて、「秋伐りの木がいい」という父のことばを思い出す。木は寒中になれば水を上げていて、いくら木をいいところに置いておいても、中が劣化してしまう。

「霜月新月伐り」の木がいい。

それは南木曾の木地屋だけのことばではないことを知る。

奈良の吉野地方では、いまも新月の前後の闇夜に倒した木が良質とされる「闇伐り」の伝統が遺る。また、「新月伐り」については、遠いオーストリアの営林署職員であったエルヴィン・トーマもおなじことを書いている（『木とつきあう智恵』宮下智恵子訳、地湧社、二〇〇三年）。

月の満ち引きと木を伐る時期について、木を伐る職人は、その経験から、世界でその智恵を知らず知らずのうちに共有していたのだと知る。国を問わず、森の木と語ることのできる人は、きっと自然や宇宙と語り合うことができる人なのだ。
このことは過去にテレビ番組でも取り上げられたことがあるそうだし、また、本屋でみつけた木工の本のコラムにも書かれていた。

「新月の日に伐った木は、質がよく丈夫で長持ちする」。そんな言い伝えが、世界でも指折りの森林文化をもつ、ドイツやオーストリア・チロル地方にもあります。
バイオリンの名器「ストラディバリウス」も、新月の日に伐採したメイプルとスプルース（マツ科の常緑樹）を用いていると言われます。（中略）
満月時に比べ、新月時に伐採した木は水分量が少ないため腐りにくく、風雨に晒しても耐久性がある等が理由になっているようですが、その反対に、満月の夜には伐採を禁じる旨の決まりが世界各地に残り、昔から林業に携る人は満月の夜に木を切ると月に飛ばされる、という物語もあります。
地球上の生物は、月の満ち欠けに生活のリズムが影響されると言われますが、そのメカニズムは科学的にはまだ解明されていません。（『木でつくる小さな食器』渡邉浩幸、河出書房新社、二〇〇九年）

二〇〇九年、夏。榮一の運転する乗用車に乗っていたときのことだ。クルマの前を材木を積んだトラックが走っていた。榮一が、トラックの荷台をみつめ、「柿かなぁ」といった。それが合図でもあったかのようにシガ子も、目にちからを入れて前方をみつめる。わたしも、榮一がいうくらいだから、もしかしたら黒柿かと思い、目を凝らした。榮一とシガ子が、あまりに一生懸命にトラックの荷台をみつめているので、わたしは「トラックに止まってもらって、材をみせてもらったらどうですか？」といった。すると、榮一は憑き物が落ちたように、「いまの時期に伐った木はダメだ。秋伐りでないとな」といって、なにごともなかったかのように運転をつづけた。榮一はどんなときでも木に目がいった。そして、どんなに良さそうにみえる木でも、その伐られた時期をみきわめていた。

榮一は、二〇〇一年南木曾ろくろ組合の取材につぎのようにはなしている。

先祖にあたる人たちは、大平《おおだいら》の手前、桂《かつら》に移り住んだ。ここにある木を中心に、ろくろを挽いて器をつくり、生計を立てた。このあたり一帯には、トチの木、ケヤキが豊富だった。杢目のきれいなトチの木は、炭にもならない木であった。そのため、大木で残っていた。東北のブナにしても、金にならないから、伐らずに現在まできたのだと思う。ケヤキも多くあったが、だんだんすくなくなり、値段も高くなった。

昔は大木を伐って運ぶにしても、人間の肩や背中が頼りだった。現地でできるだけ刻んで、背につけて運んでいくしごとだった。それで、ろくろの木地屋は木を求めて各地へいって、しごとをするようにもなった。それが、トラック輸送になり、原木をもって来ることができるようになった。ろくろを回す動力も、人力、水力から電力になった。機械も進歩していいものが設備されて、自分の腕を十分発揮できるようにもなった。

＊

榮一の弟弘司が父友市のことを、遺稿集に書く。

父の一日は、東の空に手を合わせ、日の出を迎えることから始まった。家族のことか、仕事のことか、おそらく三百六拾五日、一日もかかさずに合掌していたあの手の音が、気持ちよく聞こえたものだ。（略）

父の知人は、父のことを、まじめでほんとに仕事師だという。（略）人に迷惑をかけない。人に後指をさされない。また、人に感謝する。これが父の心情ではなかったかと思う。

友市を知る人は、「みやましいひとだった」という。

「みやましい」をわたしは、初めて木曾で聞く。それは、この地の人にとって、とてもたいせつなことばであり、人の理想のすがたである。

みやましー（『長野県方言辞典』）

①立派だ。仕事や生活態度が堅実でしっかりしているさま。体裁がよい。きりっとしていて、体裁がよい。きちんとしている。

②勤勉だ。かいがいしい。段取りがよく働き者でよく気がつき、仕事が手早くてそつがない。根気よく働くさま。
③なにをさせてもできないということはなく、またすることに非のうちどころのない人に用いる形容詞。
④最後までしっかりと仕事をやり遂げるさま。

友市の父榮太郎もまた、みやましい人だった。榮太郎のことを記憶している、飯田在住の木下豊子は、「『榮太オジィ』はいつも念仏を唱えている、みやましい人だった」といった。
榮太郎の次男友市のみやましい様子は、つぎの榮一の文章からわかる。

（父は）朝、山に出るのに、仲間の人達より一足先に出て、低いところには石や木切れ、又急なところにはクイ、川には橋などかけ、帰りに重い荷を背負っても歩きよくするのである。その当時それを見て、そんなことはみんなでやれば、と思った。それを文句ひとつ言わず、恩にもせず、その『コバ』がすむまでやっていた姿は偉い人である。今にして思えば、自分の気持ちが恥ずかしい。

みやましい人は、ときに家族にはちょいと違った一面もみせる。聖人君子でない生身の人を知り、安心する。友市のワンパクな一面も榮一は記す。

又、父はとてもイッコクで、短気であった。広ブタのあら挽きのことで、父と言い合いになった時、スダナから広ブタを投げ出して、パンパンヨキ（松本註：斧のこと）で割り出したのである。そんな一面もあった。

しごとのことで、激しいやりとりのできる親子の間柄はいいなぁと思う。また、ものづくりはイッコクでなくてはできない。友市とおなじく、イッコクなところは、榮一、正幸にも引き継がれているかもしれない。ときに、榮一の穏やかな顔に浮かぶ小さな苛立ちに気づく。そんなときわたしは、子どもの頃、しごとから帰宅した大正生まれの父が家の中に醸し出すピリッとした緊張感を懐かしく思い出す。

父友市は一九〇二（明治三十五）年生まれ、七十六歳で亡くなった。日々の暮らしを詠った、素朴な句をたくさん遺して逝った。「ろくろの木地屋」は、友市に限らず、昔から、漢詩、短歌、俳句を詠み、芸能を嗜む人が多い。

秋すぎてかぶな洗いし冬ごもり
山の中住めば都かうるしばた
今とても昔ながらの伝説を守り続けて五十五年

＊

一九五五年頃から、「ろくろの木地屋」は苦しい時代を迎える。

「きれい、手軽、安い」のプラスチック製品が流通するようになり、ろくろで挽いた木のうつわは売れなくなる。漆畑部落に二十戸あった木地屋は、転業廃業して都会に出ていく人があいつぎ、八戸になった。部落の若者の多くは、工業化の発展著しい当時の都会の華やかな生活に憧れて、ふるさとを離れていった。榮一は、耳の不自由な父友市をおいてどこへも行かれなかった。漆畑に残るものの、家族を養わなくてはならない。榮一は、日雇い、道路工夫、トラックのツミコ（材木をトラックに積むしごと）などをした。また、営林署で、チェーンソーで木を挽いたこともある。つくった製品は新潟に売りにいった。

一九七〇年頃に「木曾路ブーム」を迎えると、漆畑は良い時代を迎える。

漆畑は妻籠宿と昼神《ひるがみ》温泉の観光ルートに乗り、日本全国から多くの観光客が訪れ、また、手づくりのものが見直されるようになる。世の中が豊かになり、うつわは便利でつかえればいいというものから、手触りのいいもの、昔からあったものを見直すことで、産地へ客が押し寄せるようになったのだ。ちょうど働き盛りであった榮一は、「つくれば、売れる」このときに、寝る間を惜しんで働いた。当時は、茶盆、茶びつが、つくるのが間に合わないくらいに売れていく、夢のような時代だった。夕方店じまいをしてからも、シャッターを叩いて「売ってくれ」と客が来た。店頭で販売することが多くなり、卸売りは減少した。売行きは一九七五年がピークだった。

「やまと」は、一九七二年に妻籠宿の近くの橋場に支店を出す。この時期、三人の子どもの子育て真っ盛りだったシガ子は、子どもをおぶって塗装のしごとをしたり、鉋屑の中で子どもを遊ばせながら、製材の手伝いをした。

ろくろを挽くのに、国有林の木だけでは足りなくなり、民間の市で木を買うようになる。はじめは、月一回ひらかれる岐阜県岐南町の材木市、のちには各務原市の岐阜流通木材センターで開かれる市に出かけて行き木を買う。木は、トチ、セン（別名ハリギリ）、ケヤキ、クリ、クワ、神代ケヤキ、カエデ、キハダ、ニレ、タモなどである。

榮一は、「木を見ると、木に惚れてしまう」といった。

女は、顔が美しく、すがたがきれいで、気立てがよいの三拍子揃えばよいが、見た目よりなにより気立てのいいのがいい。木も「気立て」、わたしらは「木《き》心《ごころ》のいい木」というが、それがいちばんいい。「木心のいい木」には、わたしだけではなく、プロだったら皆が目をつける。惚れ過ぎて、思ったもんじゃないものが出てくる場合もある。木心のいい木は品がよくて、暴れない。木心の悪い木は暴れる。木心のいい木があると、お金があろうがなかろうが、惚れこんで買ってしまう。そんなすがたを見て、妻がいったものだ。「まるで、おもちゃ屋の前でおもちゃが欲しくて、ジタバタ踏んでいる子どもみたいだ」と。市では入札やセリで飛び込む。あるとき、セリで、セリコが「〇万」、「△万」とよばり（大声でいうこと）、自分も競っていると、隣で袖を引っ張る人がいる。「オマエ、バカだなぁ。出品者と競っているぞ」と。良い木をみると、そこまでのぼっちゃう。

バカになって買う。おかげでいまどきめずらしい木を持っている。

木の質が良く、木心のいい木。木の中を読んで、杢目の良さを活かす。見た目よりもいいものが出ると嬉しくなって、妻にもみせる。しかし、いいものほど回転しない。その木に惚れ過ぎて、つい手が出ない。一見わかる「暴れものの木」でも、やっているうちとてもよいものになっていくものもある。しかし、オレの腕前では、その木に申し訳ない気持ちはいつももっている。

「見た目よりもいいものが出て、妻にみせたときの夫」は、「猫がトト（魚）食ったように押し黙った」と妻はいう。そして、夫は妻にすばらしい杢目をみせながら、「これ、見よ」と一言いった。

＊

一九七四年に会社を設立し、数年をかけて国道二五六号線沿いに店舗、工房と自宅を建設する。一九七八年に、新しい店舗を開店し、その後、店の二階のギャラリーに、榮一の作品を展示するようになる。また、新しく手に入れた敷地に建てた店舗の中には、遠来の客に茶を饗することのできるスペースをつくった。ろくろと漆の工房は、しごとの実演を客にみてもらえるようにした。そして、昔のように水車をまわし、石置き屋根の建物にした。

一九八〇年、「南木曽ろくろ細工」は経済産業大臣指定の伝統的工芸品となった。

父の晩年には、私どもの商売も軌道に乗り、漆畑の部落も保神に店を出し、（父は）漆畑の最もよいところをみて逝ったのである。

（小椋榮一、友市の追悼文集）

＊

榮一は「忙しいとき、忙しさにまぎれてしまうのもどうか」と考え、コンクールに作品を出品するようになる。一九八七年に日本伝統工芸展に初出品し初入選、また、名古屋、松本、東京、長野、伊那、木曾福島など各地で個展を開催する。一九八一年に伝統工芸士に認定、一九九三年に日本工芸会正会員に認定される。一九九七年、ローマ法王ヨハネ・パウロ二世に「神代欅干菓子盆」献上。二〇〇二年には長野県卓越技能賞を受賞した。

榮一が歩んで来た道のりには、いくつかのたいせつな出会いがあった。一期一会であるはずの出会いを、太い絆にしたのは、もてなしのこころをたいせつにしてきた、妻のシガ子である。夫は「会長職のかたわら、ものづくり」、妻は「営業と販売」とクルマの両輪のように歩んできた。

ふたりが結婚するときに、木地屋野原保《のはらたもつ》はシガ子にいったという。「オマエの旦那はなぁ、数は挽けないが、すごい腕をしておるぞ。広ぶたなんか挽けばピカ一だ。ほかの人が挽けば波紋ができるが、榮一の挽いたものは真っ平らで、だれも真似はできんぞ」。広ぶたは直径七十〜九十センチの大きな盆である。昔はコタツ板としてよく売れた。いまは、広ぶたに脚をつけてテーブルにする榮一は、直径一メートル四十センチほどの大きな広ぶたも挽く。シガ子は野原のいったことを何十年経っても忘れない。

これから先の方向を探っているときに、ふたりは店を訪れた客やしごとのつきあいのなかで出会いに恵まれる。そして、出会った人に触発され、新たな学びや展開があった。

夫妻は、東京に向かい、マップを片手に美術館めぐりをし、多くの作品を観て歩いた。そしてふたりは、工芸品にはお茶道具が多いことに気づく。その後「やまと」では、茶道具を製作するためには茶道を知らなくてはと、店の従業員全員で茶道の勉強に取り組み、今日に至る。

木工家の北原昭一は、京都の美術大学を卒業後、ふるさと南木曾に戻り、小椋榮一の弟子として五年間を過ごした。わたしは、技専で刳物を北原昭一に学んだ。芸術性の高いその作品と、ひょうひょうとした人柄は、学生の間で人気抜群であった。わたしは北原に榮一のことを聞いた。

北原は「榮一さんには、生まれもったカーヴがある」という。「丸物はアールの勝負だからな」。「木地屋には、代々引き継いだ木の性を見る目がある。その生まれもった造形、感覚には、だれも追いつけない」。「三十年前に、榮一さんは木工家の村山明、黒田辰秋、槙野文平に会っている。分野の違うものづくりの人たちと出会うことで、榮一さんは外の世界を知るようになる。榮一さんは黙々としごとをしながらも、そこに思想や哲学がある。しごとの好きなひとで、つくることに素直。人の意見を聞く耳をもち、いっぺんは人の意見を受け入れる柔軟性がある。いろいろな人と出会い、ひろく人に好かれる。なんでも受け入れ、人を否定することをしない。また、伝統工芸展に出品するようになり、山中の川北良造から刺激を受けた。そのようにして、榮一さんのものができていった」。

店は大きく発展し、榮一の腕は世間で認められ、二〇〇八年秋に長男正幸に代を継ぎ、二〇〇九年には松本と東京で、親子展が実現した。先祖代々、引き継いできたしごとを受けわたし、おなじ会場で親子の作品を展示できる展覧会を開催できたことは、榮一にとってどんなにか嬉しかったことか。

それは、「やまと」の皆が力を合わせ、時代の尾根から尾根を歩き、榮一のたどり着いたいくつ目かの到達点であった。

もてなし

日本的な風景のなかにたたずむ七軒の店が立ち並ぶ、南木曾漆畑「木地師の里」。

その一角にある店の、午前十時と午後三時の茶の時間に、客の様子を見計らいながら従業員全員が店内の一隅に集う。

ときおり木曽福島から南木曾のこの店にやって来るとき、わたしも輪に入れてもらう。そこに集う土地の人たちの、ざっくばらんな会話のなかから、わたしはたくさんの南木曾を知る。食べ物や習慣、「ろくろの木地屋」の暮らしの流儀などを。わたしの頭の上を、南木曾のことばが音楽のように飛び交う。「〜兄《にぃ》がねぇ……」、「〜姉《ねぇ》が……」、「〜婆《ばぁ》がさぁ……」と近くに住む人たちのことを、まるで実の兄や姉のようにはなしているのを、わたしは懐かしいような気持ちになって聴く。そんなひときには、シガ子やその姉の静子姉手づくりの漬物や季節の山菜のお茶請けが、「どうぞ、どうぞ」と勧められる。イタドリやミョウガなど、野に育つ色とりどりの植物が、ろくろで挽いたうつわにおしゃれに盛られて饗せられる。

寒い時期には、店の奥の薪ストーブのぐるりを囲んだテーブルに、皆が集う。天井は簾棚になっていて、粗挽きした木地が積まれているのが、粗く組まれた格子の間からのぞく。木地をどうやって簾棚に何段にも積むのか不思議なわたしに、「人が上に登ってやるの」と笑いながら返事が返る。店の皆が輪になり、笑顔で和を奏でる。わたしは寒さの厳しい冬も、薪ストーブと皆の笑顔に、身もこころも暖まりたくて、ときに山の中まで上る。

そんなとき、土地のことばが行き交うなかに、思いがけなく、カタカナのことばを耳にする。シガ子がときおり、「これから『ホスピタリティ』の勉強にいってくる」という。どこにだれとなにを学びにいくというのだろう。

*

おらのうち　せめこたせめけど
へいってへいれんことはないで
じかじかにもえるに　あたらんしょ

蘭の尾崎きさ子が、「昔の木地屋さんのことばだ」とわたしに教えてくれたものだ。きさ子姉《ねえ》は年齢を教えてくれない。榮一よりは年上だと思う。畑で野菜を育て、桧笠を編む。亡くなった夫は、生前、妻籠郵便局員として漆畑にもよく郵便配達にでかけたという。

いま、漆畑に住む人たちに聞いても、きさ子の教えてくれた「おらのうち　せめこたせめけど」が木地屋のことばかどうだかわからないなぁという。きっと、百四十余年前にこの地にやって来た木地屋のことばは、長い年月が過ぎる間に、地元のことばと混じり合い、いまではそれがどういうものだったか知る人はほとんどいないのだろう。父母兄姉にあたることばを、地元では「おとう、おかあ、にぃ、ねぇ」という。木地屋は「おとさん、おかさん、あにぃ、あんね」といった。昔は、地元とよそから来た木地屋とでは、はなすことばが違っていた。きさ子姉は「たしかに昔の木地屋のことばだ」という。

「じかじかもえる」火のように温かく、寒い冬におとなう人を家に招き入れる漆畑の木地屋のことばは、そのもてなしのこころとともに、何十年経ったいまも、蘭の人の記憶に残る。きさ子姉は「木地屋の人たちは優しい人たちだぁ」という。そして、「よそから来た人をたいせつにしなきゃいけない」といい、わたしも蘭の人のもてなしにあずかる。蘭と漆畑は四キロ弱の距離があり、いまでは徒歩で行き来する人はまずない。昔、漆畑の木地屋の子どもたちは、夏の暑い日も冬の雪の日も、四キロ離れた蘭小学校まで歩いてかよった。きさ子姉が子どもの頃は、蘭と漆畑を歩いて行き来するのはあたりまえのことだった。そして、きさ子姉が漆畑の小椋友市の家を訪ねるとき、その妻セキが、それは美味しいホウキグサの実を食べさせてくれた思い出を、はなしてくれるのだった。畑のキャビアといわれる「とんぶり」のことだ。畑をもたずに山に生きた木地屋は、野にある幸を存分に活かす智恵に富む人たちであった。

秋、木曾ではよく柿の皮を、ゴザにひろげて干しているところを見かける。漬物をするときに入れるという。甘味があるからだ。きさ子は子どもの頃、干した柿の皮を袖に入れておき、オヤツに食べたといった。愛らしい子どものきさ子が、袖から取り出したオヤツを食べる場面が目に浮かぶ。質素だが、こころ豊かな子ども時代を送った人のいまは、やはり思いやり溢れるものである。

南木曾の駅から、山に上る道すがら、妻籠、蘭、漆畑と集落が並ぶ。わずか十二キロの線上にある集落の雰囲気は、それぞれ違っていておもしろい。おなじなのは、どの集落の女の人たちにも活気があり、働き者であることだ。

＊

蘭には、二〇〇九年度「森の名手・名人」のひとりに選ばれた桧笠職人三石富子はじめ、伝統的な桧笠の編み方をいまに伝える女の人たちがいる。ここにある「桧笠の家」で、年に数回、蘭の女の人たちが桧笠の編み方を教える講習会が開催される。二〇〇九年の冬、わたしが蘭の講習会で出会った桧笠を編む幾人かの年配の女の人たちは、手を休ませることなく、大きな声で楽しいおしゃべりをつづけながら、いつもにぎやかな笑いの渦のなかにいた。南木曾には「ねこ」と呼ぶ綿を入れた背あてがある。「ねこ」は福島県南会津郡、新潟県北蒲原郡でもみられるものだという（『日本民俗文化大系14　技術と民俗（下）』森浩一、小学館、一九八六年）。桧笠を編むだれもが、寒い時期には、「ねこ」を背中につけてしごとをする。昔着ていた着物の生地や可愛い猫の今風の図柄のキルティングで、それぞれが手づくりした「ねこ」を背中に当てた年配の女の人たちは、愛らしい童女のようだ。悩みがないわけではないだろうけれど、それをワハハと笑い飛ばし、たくましく生きる蘭の女の人のように年を重ねられたら、とわたしは思うのだった。

*

「ホスピタリティ」、それは「もてなし」。茶の時間にシガ子がいったのは、「これから仲間と接客の勉強にいってくる」ということだ。遠来の客をいかにもてなすか。それは自分の店だけのはなしではない。南木曾を、木曾を訪れる客に、いかに喜んでもらえるかとこころを砕く。近くは妻籠宿、昼神温泉、飯田、遠くは県の枠を越え、全国に仲間がいて、ともに「商いの道」を学び、助け合い、切磋琢磨する。いつも口癖のように「悪かったネェ。スミマセン」とくりかえす腰の低いシガ子が、「正しきによりて滅びる店あれば滅びてもよし。断じて滅びず」（新保民八）というとき、迫力がある。「やまと」の女将は、正義感強く、肝が据わり、それでいて気配り細やかで涙もろい。

妻籠宿にて、二〇一〇年の夏の夜、妻籠で店や宿を経営する女の人たちにはなしを聞かせてもらった。

皆は、いままで来た道を振り返りながら、これから行く道を熱く語り、それはずんずんとわたしのこころに響いてくるのだった。「妻籠ブーム」の最盛期、観光客がたくさん妻籠を訪れたときの、宿の経営者として、また、幼い子の母としての奮闘ぶりを思い出し、また、これからは、この地を訪れてくれるお客様になにをしたらもてなすことができるのかを熱く語り合う。皆ではなし合ったことを、明日のもてなしにつなげていくという。

江戸時代から昭和初期まで、妻籠の地酒としてつくられていた銘酒「鷺娘」を、八十年ぶりに復活させたのは、この妻籠宿の女将さんたちである。酒づくりにかかわって、二〇一〇年で四年目を迎えるという。地元の水田で酒米「ひとごこち」を田植えから稲刈りまでを手がける。

だれかががんばるすがたに、気圧されることがある。わたしは、南木曾の女の人たちの「もてなし」にかける熱い思いに背中を押されるように、つい、こんな元気な人たちのいるところで、働きながら暮らしてみたいと想うのだった。木曾の昔を知れば知るほどに思いがけない発見が多く、わたしはここに腰を落ち着け、しごとをしながら生活したいと考えるようになった。そして、いま、昔を知る人に会いはなしを聞き、記録しておかなくては間に合わなくなることがあることも痛切に感じてもいた。

しかし、人がその地元でがんばることと、その勢いに押されるように「旅の人」がその地に移り住み暮らそうとすることは、違う。

それから数日後、わたしは妻籠宿のなかにある、あたりの風景になじんだ観光協会の入る洋館にいた。

妻籠宿の町並み保存事業は、一九六七年に、その後全国各地で展開される町並み保存の先陣を切ってなされた。そして、妻籠に、いま、江戸時代の宿場町の景観が遺される。一九九二〜九四年の年間百万人をピークに、いまも多くの観光客が訪れる。ここには、「売らない・貸さない・こわさない」の三原則を盛り込んだ「妻籠宿を守る住民憲章」（一九七一年制定・宣言）がある。町づくりの主体は住民である。

この日、わたしは洋館の中で、財団法人「妻籠を愛する会」の小林俊彦理事長のはなしを数人と聞いていた。小林は保存事業の開始から、町の職員として妻籠宿保存の第一線に立ってきた人だ。八十一歳という年齢を感じさせない意気軒昂なはなしぶりに惹かれて、わたしは翌日も会長を洋館に訪ねた。「まぁ、座れ」と小林は迎えてくれ、その応接室のソファではなしを聞いた。

この日も元気にはなしをしてくれていた小林に、わたしはふとその出身地を尋ねる気になった。小林が「佐久の出身」というのを聞き、意外に思うとともに興味を感じた。とはいえ、佐久はおなじ県内であり、小林はわたしと違い、遠い「旅の人」ではない。「妻籠宿にかかわる前はなにを？」と問うと、意外なことに「岐阜県で獣医として勤めていた」といい、わたしは「へぇっ」と思った。獣医さんと保存運動がすぐに結びつかなかったからだ。「では、どうして妻籠でこれほどまでにがんばることができたのか？」と聞くと、「アンポ世代のはしくれだから」と小林はいった。「そっかぁ、小林さんは熱い青年だったんだ」。小林の全国に先駆けての妻籠宿町並み保全の運動はつとに有名だけれど、このことはきっとあまり知られていないだろうと思った。小林は妻籠生え抜きではないが、この地に一生をかけてがんばってきた道のりを知り、たった二日間しか会ったことのない人に、わたしは自分のことをはなしてみる気になった。

数年前に見ず知らずの木曾にやって来て、わたしは多くの人の世話になりながらなんとか今日まで生きてきた。そのひとりひとりに恩返しはできないけれど、この地で学んだことを活かしながら生計を立て、ひいては木曾に恩返しできる道があれば、とこころ密かに温めていたことがあった。

＊

屋根板を割り、その上に石を置いた「石置き屋根」。かつては日本の各地でみられたものだ。妻籠宿ではそんな石置き屋根の家並みを復元している。

小椋榮一は、あるとき、「父は漆畑部落で、瓦屋根の家を建てた」とはなしてくれたことがある。当時は石置き屋根がふつうであり、瓦屋根を上げた家は特別だという気持ちがあったからだろう。

屋根板割りをする職人を、昔、「トントン」といった。トントンと木を割ったのでそう呼ばれる。南木曾では「トントン」の下に職人の名をつけて呼んだのだという。たとえば、直子の「直」を取り、「トントン直」というように。わたしは、木曾福島で木を割り、木地をつくる職人のもとにいた。曲物の木地にできる素性のよい木曾ヒノキは、もはや手に入りそうにはないけれど、屋根板にするサワラならまだなんとかなりそうだ。

妻籠宿で、「妻籠を愛する会」理事長の小林俊彦とはなしているとき、わたしは屋根板割りのはなしを切り出した。

そうすると、小林は「いまちょうど県からの補助金で、会として屋根板を割るサワラの原木を買ったところだ。年が明けたら屋根板割りの講習会をする」という。わたしはすかさず、「来春の研修に参加したい」といった。なんというタイミング！　小林の生きてきた背景を聞き、「この人になら」と、「旅の人」のわたしは思い切ってはなしを切り出した。「来春の研修でこの土地の屋根板づくりの技術を学び、いずれここで『トントン直』として生きていけないか」と。すると、空気が変わった。「屋根板割りは、地元の農家のおじさんの農閑期のしごとだからな」。わたしの申し出は、「売らない・貸さない・壊さない」の住民憲章に抵触したものか。

＊

岐阜県高山市の町中にある「高山陣屋」。陣屋は高山市に遺る国の史跡である。ここは、高山城主金森氏の下屋敷のひとつで、金森氏が上ノ山（山形県）へ移されてからは、徳川幕府の直轄地となり、江戸から代官や郡代がきて、役所をおき、飛驒の政治を執った。その役所を「高山陣屋」という。

「高山陣屋」の屋根は、「榑葺《くれぶ》き屋根」である。

「高山陣屋」の「榑葺き屋根」の屋根板をつくる人は、公務員である。そして、実は「旅の人」なのだ。

妻籠宿を訪れるすこし前、わたしは「高山陣屋」を訪ねていた。陣屋の前では、毎日午前中は朝市がひらかれる。農家のおばさんたちが育てた野菜などを売っていて、みてまわるだけで楽しい。その後陣屋の中を歩いていると、ところどころに割られた屋根板が積み上げられていた。わたしは割った屋根板が気になってしかたがなかった。入口まで戻って係の人に、「この屋根板はどなたが割っているのですか?」と尋ねた。係の人は、「ああ、この屋根を割っている人は、あそこの作業場でしごとをしていますよ」とわたしを案内してくれた。

屋根板を割っていたのは、高山市にある岐阜県の職業訓練校「木工芸術スクール」を卒業した男の人であった。木曾のサワラを割っていた。以前、屋根板は、ネズコをつかっていたが、いまはすくなくなり、そのためサワラをつかっているといった。互いに自己紹介をして、一時間ほどはなしを聞かせてもらった。

松山義治四十歳は、七年前に東京からやって来て、木工芸術スクールに一年学び、卒業後、一年間の研修を経て、現在は岐阜県教育委員会の公務員である。もともとは、東京で大工をしていた。「どうして、このしごとに就いたのですか?」のわたしの問いに、松山は「国の指定した史跡はここひとつ。その維持管理をすることは、だれにでもできることではない。ぜひ、やりたかった」といった。

すでに、東京から高山に移り住んで七年経った松山のはなしのイントネーションは、岐阜の人がそうするように、語尾のイントネーションが上がる。たとえば、「……です。」とはなしを終わるときに、最後の「です。」が下がるのではなく、疑問文のように上がるのだ。松山はすっかり高山に根づいていることを感じさせた。高山市では、清見村などに県外から多くの木工家が入り住み着いている。「旅の人」を入れる入れないは、遠い「明日」を見越してのその地に委ねられた選択である。

＊

「妻籠宿を愛する会」の小林俊彦と、初めてはなしをした日に、帰りにいくつか資料をもらった。なかに小林の書いた『地名考　廣瀬村』があった。すぐには読み込めずに、しばらくしてから、冊子を開いた。そこには、「漆畑」や「蛇抜け」のいわれ、榮一が父友市と入った沢の名がいくつも並び、とても興味深い内容であった。小林の書いた『地名考　廣瀬村』は、単に調査や聞き取りに入ったひとでは書けない、みずからの足で歩き、土地のことばを聞き取った内容であった。

『地名考　廣瀬村』の「はじめに」にはつぎのようにある。小林は、町役場を定年退職したときに、ライフワークとして地名考の執筆にとりかかる。いままでに、馬籠峠、妻籠、妻籠城と周辺の城塞、伊奈道・橋場〜押出、妻籠本郷、中山道、与川村、木曾川、蘭村、田立村、廣瀬について、活字にしてきた。

そして、その執筆の経過をつぎのように書く。

昭和二十九年、役場を退職して、富貴畑の開拓地に入植し、廣瀬の住民となりました。昭和三十四年、妻籠営林署の治山工事の治山工（人夫）として働きました。その時に一緒に働いた人たちの中には、戦前の御料林（皇室林野局）で人夫として働いていた人も混じっておりました。その人たちの中には、山の知識の宝庫と思われるような頭脳をもっていた人がおりました。また、営林署の山人夫として十年間、妻籠営林署内の山の中を踏まない処がないといっても良い程踏査しました。

山に生きた人たちの声を聞き取った『地名考　廣瀬村』には、山を実際に歩いた人にしか書けない事柄がつまっている。小林の文章を読み、わたしは木曾福島で出会った、木のしごとにたずさわった年配の男の人たちを思い出していた。その人たちは、前著『崖っぷちの木地屋』が刊行されると、わたしの住む上ノ段の「木地の館」を訪ねてくれた、木曾の木を相手にしごとをして来た人たちは、わたしが木曾の木について書いたことをとても喜んでくれた。かつて営林署で働いた人たち、旧・県立木曾山林高校（現・県立木曾青峰高校）で教鞭を執っている先生などである。皆、こころの底から木曾の木を愛しているだけではなく、小林のいうように、足で歩いた知識が宝のようにつまった人たちであった。いまではだれも知らない、山に生きる命の息吹に出会ったことがある人である。

いまでは、山のことばを取り次いでくれた人は、もしかしたら、すでに木魂とともに、木曾の森の奥に入っていってしまったかもしれない。木をこころからたいせつにしたその人たちは、いまは森の中に木魂とともにいて、それでも、いまを生きる人たちに声なき声で、なにかを伝えようとしているのかもしれない。木曾の森で耳を澄ませば、ざわめきのような森のことばがこだまする。

「やまと」のように店と工房と自宅がおなじ敷地内にあり、家族が二十四時間ともに過ごす、三世代の大家族と従業員のいる生活の経験が、わたしにはない。「やまと」の人の動き、言動、なにもかもがめずらしく、わたしは、日夜、皆の動きをみつめていた。

しばらくすると、商いの醍醐味やおもしろさ、ひとりひとりの客への細やかな気配りをしながら立ち働く人を知るようになる。家庭にあっても、いつもたくさんの人がいて、あえてだれもなにをいわなくても、手がすいただれかが人手の足りないしごとをしている。そして、世間様の休日が、自営業の多忙の日である。学校の休みの日に、親が働く家の子は、「サラリーマンの家庭が羨ましい」といった。けれど、わたしは「それは『隣の芝は青い』というんだよ」と、自営業だからこそ、いつも大家族で過ごせる幸せを、子に話して聞かせる。生まれ育った地域で、大きな家族とひとつ屋根の下で過ごせば、人の数が多くなる分、煩わしいこともあるだろうが、そこに醸し出される温かさはほかに代え難い。「来世があるなら、わたしは南木曾の木地屋さんの大家族のなかに生まれ落ちたい」とわたしがいうとき、「そりゃ、買いかぶりだぁ」と正幸はいう。それは、わたしにとっての「隣の芝」かもしれないのだけれど。

＊

「やまと」の店内の、客にはみえない、カウンターの中に貼られた小さな手書きの紙片に、倉敷民藝館の初代館長外村吉之介のことばが筆写されていた。

品物は一つ一つが単語である。
単語は連なって散文となり、選ばれ整えられて詩となる。
陳列は品物による詩である。
陳列は一つの美の創造である。
陳列は選ばれた美しい品物が唱和し、建物にこだまする詩歌である。
（『民藝品とは何ですか　民藝館の仕事』〔第二版〕、倉敷民藝館、一九九八年）

南木曾の山の中で、魅力ある歴史を背負った木地屋は、「用の美」を求めてうつわをつくる。「一から手をかけたうつわを店に美しく飾り、遠来の客ひとりひとりをこころをこめて迎えるもてなしがしたい」。客には見えない店のカウンターの中から、そんなつぶやきが聴こえる。たまさか、縁が縁を呼ぶようにして、なにかがわたしを南木曾に誘ってくれたからこそ届いたつぶやきは、都会にいたわたしの耳には届かなかった。

南木曾には陰影に富む自然、豊かな温泉、妻籠宿と蘭と漆畑、そして、そこに暮らす人びとがいる。

「知る人ぞ知る」南木曾漆畑。そっと独り占めにしておきたいような、いや、ひとりでも多くの山の向こうに住む人に知らせたいような、そんな想いの狭間にいる。

花びら

春の日

二〇一〇年四月。木曾に暮らして、四年が過ぎようとしていた。上松技専で一年間学び、木曾福島で木地屋村地忠太郎に教えを請うて三年の月日が経った。木曾福島にやって来たときから、わたしは曲物のヘギにつかえる木曾ヒノキ材を探していたが、三年経っても材を手に入れる目途が立たなかった。そのうえ、もうすぐ経済的に立ち行かなくなるところにきていた。わたしは二〇〇九年度いっぱいで木曾福島でのしごとを辞し、五月のはじめに木曾を離れることに決めた。

四月三日。荷造りの合間に、わたしは漆畑にいた。この日の午前中、わたしは榮一の運転するクルマで、南木曾から一時間ほどの、岐阜県中津川に向かっていた。標高八百八十メートルの南木曾漆畑は、まだ冬だったが、標高三百三十メートルの中津川に近づくと、車窓から見える景色は、冬から一転、春に変わった。道路の沿道には右にも左にも満開の薄桃色の華やかな桜並木がつづいていた。中津川は春の盛りだった。

用事を済ませ、ふたたび、春爛漫の中津川の市街を通り抜けて、南木曾の山に帰った。

昼食を済ませると、榮一は桂に向かって、ふたたびクルマを出してくれた。漆畑から大平街道を六キロほどいったところにある桂は、「ろくろの木地屋」が漆畑に移る七年前、一八七三（明治六）年に、最初に南木曾に来て、定着したところである。ここ数カ月ほど、幾度も榮一はわたしを連れて桂にいこうと試みてくれたが、桂に向かう道の入口にある「冬期間通行止め」の表示をみて帰ってきていた。午前中に中津川で桜をみたこの日ならば、道は開通しているかもしれないと思ったが、この日も未だ閉鎖されたままだった。この地に春が訪れるまで、桂への道は通れない。

桂にいくことができないとわかると、榮一は「では、墓にいってみよう」と漆畑の墓地に向かった。数カ月前から、榮一とわたしは、ある人の墓を探しに墓地に来ていた。榮一が、「たしかここにあったはずだ」といいつづけた墓石はあるだろうか。「正幸が小学生の頃にはあったのだから」と榮一はいった。「正幸が小学生の頃」、それはいまから三十年以上昔のことである。一カ月ほど前に墓地を訪れたとき、「たしか、『大岩』の墓石がここのあたりにあったんだが……」と榮一は、墓石が埋まっているかもしれない、深い雪の上を指差しながらいったが、みつからなかった。

漆畑の墓地の脇にクルマを停め、「このあたり」と榮一がいっていた場所にふたりで歩いていった。雪が消えたこの日、とうとう榮一は、前の月に指差したあたりに、「これだ、これだ」と墓石を見つけた。そこに雪はなかったが、墓石の上半分が地面から顔を出し、残りの下半分は地面にめり込んでいた。非力でなんの助けにもならないわたしの横で、榮一はシャベルで土を掘り、バールで前のめりに傾いだ墓石を起こしていった。榮一の懸命な作業のおかげで、しばらくするとそれまで「大岩」としか読めなかった墓石に、「大岩」につづく文字が地表に現われた。そこには「定次郎」とあった。「大岩定次郎」。墓石にはその名だけが刻まれているだけで、生没年や戒名など、ほかに手がかりとなることは書かれてはいなかった。なぜ、列島の木地屋集落を廻った近江国東小椋村蛭谷《ひるたに》の神官「大岩」姓の墓がここ漆畑にあるのか。また、その家系図にも記されていない「大岩定次郎」とはいったいだれなのか。

＊

墓地で、榮一が黙々とからだを動かしているあいだ、山の上から風に乗り、なにかがはらはらと舞い下りていた。昼前にみた満開の桜並木がこころにあったから、「山に早くに咲いた花の花びらが、こころがけのよい榮一の上に降りかかる」、わたしはそう思いながら、漆畑の清らかな景色のなかにいた。

「あれっ、花びらかと思ったら、雪だよ」と榮一が、ふと手を休めていった。「ほんとうだ。雪だ。わたしも花びらかと思っていた」。山の上から、散った花びらが舞い下りてきたかのような、白くさらさらした淡い雪がしきりに風に舞っていた。

榮一の力強くシャベルやバールを握るすがたとともに、このときの薄暗い木立の中の、幻想的な光景は、その後、幾度もわたしの胸に蘇る。

「大岩定次郎」の墓を、その人の尊厳をいまいちど建て直すかのようにして、墓石を起こし終えると、榮一はつぎにこの墓地にあるはずの、「菊の紋」の刻まれた墓ふたつをみつけた。「本には『菊紋のある墓は八基ある』とあった」(『木曽谷の木地屋』楯英雄、木曾文庫、一九八〇年)とわたしがいうと、榮一は首を傾げて、「正確に何基あったか記憶にないが」といった。いま、漆畑墓地に遺る「菊の紋」の刻まれた墓は、二基である。都会暮らしの長いわたしは、「自然石に『菊の紋』の刻まれた墓を、だれかが持ち去ったのではないか」というと、榮一はそんなことはまったく考えの外であるというように、「漆畑から引っ越していった人が、墓をもっていったのかもしれんな」といった。

つぎに、わたしたちは「木地先祖」と書かれた石碑に向かった。下伊那郡千代村の奥にあった大蔵勝太郎の墓を息子久蔵の墓に移し、「木地先祖」として七十年前に漆畑部落の人たちが建立したものである。

漆畑の墓地は緩い傾斜地になっている。傾斜地に配された墓石の位置には、規則性がありそうだった。傾斜地のいちばん高いところに、石碑はあった。例外もあるが、つぎに大蔵家、小椋家の順に墓が並んでいる。「大岩定次郎」の墓は、墓地の傾斜の下がったところ、木地屋の墓石のかたわらにある。

石碑は、一九四〇（昭和十五）年に、当時の漆畑部落の人びとによって建立された。二十八人の戸主の名が、石碑の下方に刻まれていることを、わたしは『漆畑記録簿』を読んで知っていた。「友市の名もそこにあるはずだ」とわたしは榮一に伝えた。榮一は「いままでにみたことがない」といった。当時の部落の人の名前が刻まれた石碑の前には、花や線香を置く四角い石が置かれていた。そのため、部落の人の名は、その石の後ろに隠れてみえない。石碑の前の石を脇に動かして、皆の名前をみることはできないか。

榮一は、わたしにからだをよけるようにいい、「大岩定次郎」の墓石を起こしたときのように、渾身のちからを込めて、素手で重い石をずらしてくれた。多くの人の名が、そこに浮かび上がった。刻まれた名は年月が経ち、読み取りにくくなってはいたけれど、しばらくすると、そのなかに、「小椋友市」とあるのをみつけた。榮一がそうしたように、わたしもすべての人の名を指でなぞった。七十年前の漆畑の木地屋、皆に会えた気がした。友市の名を幾度もなぞった。

それがすむと、榮一は墓地にある墓すべてに手を合わせ、父の眠る墓に頭を垂れた。

「桐紋」は、いくつもの新しい墓に刻まれてあった。わざわざ数えることもないくらい、そこにはあたりまえのように、「桐紋」の墓があった。テレビニュースをみていると、総理大臣が立って会見する前に置かれる演台には「桐紋」がある。それとおなじ「五七の桐」である。または、「五三の桐紋」が刻まれている墓もある。

「なぜ、いま、昔のように『菊紋』ではないのか」と漆畑の人に聞くと、「それはあまりに畏れ多いから」といった。

遠い昔から、先祖代々、「ろくろの木地屋」として高い誇りを胸に生きる小椋榮一が、その祖先の眠る墓と語らいながら甲斐甲斐しく世話をするあいだも、清く淡い雪が絶え間なく花びらのように舞いつづけた。耳を澄ませば、榮一とその祖先の語り合う声が聴こえる気がした。力強く、また安堵に満ちた榮一の様子には、先祖の魂とともにある喜びが感じられた。

「行こうか」といい、榮一は乗ってきた軽トラックに、わたしとシャベルとバールを乗せて帰途についた。「やまと」に戻ると、榮一は店の中に向かって大きな声でいった。「あったよ、大岩の墓が！」。

木魂に送られて

四月二十九日。わたしは木曾福島の家の引っ越し準備が終わり、木曾福島で世話になった多くの人たちに挨拶を済ませ、南木曾漆畑に別れを告げにいった。夕食時、榮一は食卓でいつものような笑顔をみせ、夜八時半には「先に休ませてもらいます」といって床に就いた。翌朝、わたしは小椋家にいとまを告げ、松本に用事のある敏子のクルマに同乗させてもらい、帰途についた。このとき、榮一はまだ休んでいたので、わたしはシガ子に榮一への別れのことばを託した。しばらくクルマで走ると、車上のわたしの携帯電話が鳴った。榮一が電話口で挨拶できずに別れたことを詫びてくれるのであった。その律儀さにかたじけない思いがした。

　五月十一日昼。南木曾の木工会社に勤務する友人から木曾を離れたわたしにメールが届いた。「ご存知かもしれませんが今朝ヤマト小椋の会長様が亡くなられたそうです」。なにかの間違いに違いない、とわたしは思った。十日ほど前に元気な榮一と別れたばかりだった。メールをくれた友人、「やまと」で留守番をしていた榮一の弟弘司、シガ子にと、つぎつぎと電話をかけた。しかし、だれも「間違いだ」とはいわなかった。

　小椋榮一は、その朝八時前に、「やまと」の工房を出たところで倒れているのを、目の前の国道を走るドライバーがみつけ、救急車で坂下の病院に運ばれたが、息を吹き返すことはなかった。

　その五十分ほど前に、榮一は敏子とともに、細かい雨のそぼ降るなか、作務衣を着て、小学校にあがったばかりの孫娘を、すこし坂道を下りたところにあるスクールバスの停留所まで送りにいき、「やまと」に戻った。その後の榮一を見た者はいない。工房の入口に傘があったことから、おそらく、榮一はいったん工房に入り、ふたたび出たところで倒れたのだろう。

　榮一の死の報を聞き、わたしはすぐに電車に飛び乗り、南木曾に向かった。「やまと」に着いたのは夜八時半を過ぎていた。座敷には近所の人や親戚の人が集まっていた。急な死ではあったけれど、皆、穏やかに故人を偲んでいた。

　わたしは、紫色の絹に包まれた短剣を胸に乗せ横たわる榮一のもとにいった。榮一はいつもどおりの静かな顔をしていた。榮一に遅くなった詫びを告げたのち、わたしは仏壇に線香をあげ祭壇に香典を置こうとして、あっと手を引いた。そこには地域の人たちが供えた、赤い線の入った「お見舞い」と書かれた封筒があったのだ。

「お見舞い」はのちに、この地方の「お淋し見舞い」だと知る。遺族に対するものだというけれど、わたしは南木曾の人の、亡くなった榮一とその家族への優しさだと思った。いま亡くなったばかり、だれにとっても信じたくない死には、「御霊前」ではなく「お見舞い」がふさわしい。生と死のあいだの、曖昧な時の流れをたいせつに想えば、それは、親しくつきあい亡くなった人と、たいせつな人を亡くした遺族への、人びとの持ち寄る優しさなのであった。

筍《たけのこ》の時期でもあり、春の野菜の煮物が弔問客に振る舞われ、人びとは「榮一さんはいい死に方ができた」と語り合っていた。年配の人は、亡くなる寸前まで元気だった、そのあっけない死に方を「羨ましい」ともはなすのだった。のちに、榮一より年長の南木曾の女の人は、「あの子はこころがけのいい子だったたから、いい死に方ができた」といった。

わたしはといえば、これからも、いつでも南木曾に来れば、山に生まれ、木とともに生きた榮一に、はなしを聞かせてもらえると思っていた。悲しみに暮れていたわたしに、「榮一さんは、宮澤賢治の『なめとこ山の熊』みたいに、木曾の木魂に送られて逝くのかも」と友人がいってくれたとき、初めてその死を受け止められた気がした。

想い出

五月十四日、通夜。別れを告げる二百人が山を上ったという。

惜しみてか月もつつじも山男《びと》の　通夜の枕辺照らしておりぬ　　シガ子

五月十五日、葬儀。わたしは漆畑へ向かった。

南木曽の駅から乗った路線バスの客のなかで、喪服を着ていたのは、わたしともうひとりの女の人であった。行き先がおなじなのは互いの服装からわかった。はなしをすれば、その人は榮一の同級生だった。ともに、榮一のはなしをしながら、「やまと」へ向かった。国道二五六号線にぶつかる直前の坂を、喪服を着た四人の年配の女の人が、それぞれ痛む膝をかばいながら上っていた。バスの運転手はそっとその人たちの横にバスを停めた。ちなみに、帰途、南木曽駅から黒い服を着て電車に乗り込めば、見ず知らずの男の人が「小椋さんとこへ行って来なすったかね」とわたしに声をかけ、途中駅まで榮一を偲び、ともにはなしをするのだった。クルマをもたず、公共交通機関を利用するわたしは、木曽ではつぎからつぎと、見ず知らずの「知り合い」に出くわす幸せがある。

この日、「やまと」の上にひろがる空はどこまでも青かった。

正幸が、父を「やまと」から送り出すことにこだわったという。漆畑で生まれ、暮らし、家族を育みながら、ろくろで木を挽き、最後はそこから旅立った「やまと」で葬儀が執り行なわれた。榮一を送るのに、これほどふさわしいところはなかった。

わたしが「やまと」に到着した午後二時前には、すでに山の上にはそれぞれのクルマでやって来た六百人もの弔問客が集まっていた。

葬儀では、榮一の孫の読みあげる弔辞に皆が涙した。正幸が、前年に父と初めて「親子展」を開催できた喜びを、涙とともに挨拶のなかで語った。榮一の葬儀は、禅宗の僧侶六人の読経の声に、土地の人が「チンポンジャラン」という、太鼓などいくつかの鳴り物の音が和した、不謹慎ないい方だけれど、まるで生バンド演奏付きの、しめやかだけれど寂しくはない葬式だった。山の上に集まった多くの会葬者を前に、鳴り響いていた音が静かになると、ひとりの僧侶が、それは大きな声で「喝！」と叫んだ。のちに、そのときの僧侶のひとり、木曾福島の興禅寺の松山住職に、最後の「喝！」とはなにかを尋ねると、「それは引導をわたすこと」と教えてくれた。旅立つ人を涅槃にわたらせるために、転迷開悟（迷いを転じて悟りを開くこと）の引導をわたす。戒名、栄祥軒徳宗樹光居士。享年七十三。

葬儀の会場とは駐車場をはさんだ向かいの店の一角に、榮一の思い出の品々が展示されていた。榮一のことを伝えた過去の新聞記事などが並べられた横に、切手帳をみつけた。榮一は切手収集が趣味だったとは知らなかった。木やろくろのしごとに精魂傾けていたとばかり思っていたので、ふと胸を衝かれる思いがした。

そう思ったときに、たくさんの小椋榮一がわたしのなかに蘇った。

二〇〇九年九月、夏の暑さも盛りを過ぎたある日のこと、榮一はろくろで小さな木地を挽いていた。材はクワとキハダである。両腕で鉋を構えて、ろくろに向かう榮一の後ろ姿を、わたしはしごとの邪魔にならないように、離れてみつめていた。しばらくすると、榮一は後ろを振り向き、わたしを手招きした。挽いていたぐいのみの木地をわたしに持たせ、「どうだい？」といった。そして、大きくはない、わたしの手になじむかと尋ねた。思いがけないろくろの名人の問いかけに、わたしはすこし慌てながら、手の中で幾度も木地を持ち代えては、目をつむって慎重に手の感覚をたしかめながら、手にあたるところを榮一に伝えた。榮一は「ここかぁ」といいながら、すぐにその箇所を鉋で削っていった。翌月に、松本市内で開催される長野県伝統工芸展に出品するためのぐいのみを榮一は挽いていたのだ。まるでわたしの手が、展覧会を観にくる人たちを代表するかのようにわたしは気負って、榮一に訊かれたことにできるだけ丁寧に答えた。榮一はろくろを挽きながら、幾度も「ここはどうかな」とわたしに尋ねた。

数週間後、わたしは松本のデパートで開催された展覧会に出かけた。あのクワとキハダのぐいのみが、きれいに拭き漆がほどこされて展示されていた。あのとき、南木曾の工房で、名人のしごとのほんの隅っこに参加できたことを、わたしはひとり嬉しく感じていた。

十月に入り、小椋榮一は二〇〇九年度の「森の名手・名人」百人の一人に選ばれた。この記念すべき日に、わたしは榮一のつくったあのぐいのみを買わせてもらおうと思った。展覧会前には欲しいとはいえなかったが、無事に目的を果たし終えたぐいのみである。

榮一はその数週間後に東京での展示会を控えていた。ぐいのみは東京にでかけることになり、南木曾のぐいのみはめでたくそこで嫁にいった。それはなによりのことだった。

「また、つくるから」と夫妻はいってくれ、わたしは「時間ができたときにお願いします」と頼んだ。身分不相応にも、わたしは初めて名人への注文主になり、とても豊かな気持ちがした。

二〇〇九年一月から「やまと」では、わたしは木曾福島の師匠にいわれたように、もっぱら正幸に「木の目を活かす塗」について教えてもらっていた。その合間の、店の茶の時間に、ときおり榮一やシガ子とも幾度か顔を合わせることがあった。店では、小椋榮一は会長、小椋正幸が社長であった。名人とおなじテーブルを囲むことに、当初は緊張したが、ゆったりした雰囲気のなかで皆と談笑しているときの榮一は、腰の低い、朴訥《ぼくとつ》で親しみやすい、穏やかな人であった。次第に、ゆったり流れる南木曾漆畑の時間に、わたしは身を委ねられるようになっていった。

幾度か顔を合わせているうちに、ことば数のすくない榮一は、ことばではなく目で語る人だと知る。無言でじっと相手の目をみつめ、榮一が幾度かうなずけば、それは「オマエの気持ちはわかっているぞ」ということなのであった。「よし、よし」といいながら、相手の肩を両手で叩きながら慰めるのとおなじことである。

何度か顔を会わせるうちに、榮一の真面目で実直な人柄が、日常のいろいろな場面にのぞいた。食卓では、榮一はみずからが挽いたクワの白木の椀でご飯を食べた。「お客様につかっていただく前に自分でつかってみなくては」といって、食べ終わるとみずから椀を洗い、日々の椀の変化を記録した。夜は早めに休み、朝はきちんと食事を摂り、しごとに向かう。

小椋家の自宅を出てすぐのところに、白い百葉箱がある。長野県木曾建設事務所から委託されたものである。毎朝、榮一は、百葉箱の横を通り過ぎるときに、その小さな戸を開けて、温度などがきちんと記録されているかを、小首を傾げるようにしながら、中をのぞきこむ。それは、祖父や父のみやましさを偲ばせる、朝の榮一のすがたであった。

みやましい人は、木曾の山々のたくさんの木魂に送られて、南木曾の高い空に昇っていった。

「やまと」の上に、大きくひろがる空には、いつもそのときどきにかたちを変える美しい雲が、青や灰色や茜色の、雄大な空いっぱいにたなびいている。

ふたつの「ふるさと」

生まれ故郷

「ろくろの木地屋」が、伊那から来て、南木曾町桂に移り住んで、百四十年の月日が経とうとしている。現在は、そのときから数えて五世代目の子どもたちが、元気なすがたをみせる。

わたしは、小椋榮一亡きあとも、引きつづき「漆畑の昔」を探した。しかし、昔を知る人は皆、年老いていた。病の重い人や病院通いをしている高齢の人の体調を慮ると、無理は頼めないのだった。

そんなある日、漆畑に生まれ暮らす、木地屋野原保八十九歳の家族から、保の体調が良さそうなときに訪ねてもよいと連絡をもらった。

二〇一〇年九月十二日。「やまと」からほど近い、野原の店「野原工芸」に向かった。

野原保の店舗と自宅を兼ねた家の裏の窓からは、眼下に旧・漆畑部落が見わたせる。家の一階の明るい居間で、病身の木地屋は横になって前を見つめていた。わたしがなにかを尋ねると、ゆっくりとことばすくなに訥々《とつとつ》と答えてくれる。そばにいた妻がにこやかに夫の話を補足する。

野原保に、木地屋の昔について尋ねたあと、それまで多くの人に聞いてもわからなかった「大岩定次郎」の墓について、はなしを切り出した。半ばあきらめていたわたしに、野原保はことばをからだから絞り出すようにいった。

「清内路の『山ノ神』から運んできた」。

思いがけない話の展開に、同席していたシガ子と顔を見合わせた。重ねて「それはだれか」と訊くと、保の「税金を集める人」の答えが返ってきた。

一九四〇（昭和十五）年、野原保二十歳のときに、大岩定次郎の墓は、清内路の「山ノ神」から漆畑に運んできたというのだ。この年、漆畑墓地に、「木地先祖」の石碑が建立されたのに合わせてのことだったのか。

野原保の家を辞する前に、わたしにはどうしても、八十九歳の木地屋に尋ねてみたいことがあった。「保さん、あなたが生まれ育ち、家庭をもち、木地屋としてしごとをしてきた漆畑は、あなたにとってどんなところですか」。

その人は遠くをみつめるような目をして、しかし、はっきりと一音一音、みずからに言い聞かせるようにいった。

「だ・い・じ・な・と・こ・ろ」。

そういった人の顔とことばを、わたしは忘れない。

木地屋野原保にとって漆畑は、唯一無二のだいじなところ。

漆畑の木地屋の多くを知るこの人のもとを、わたしはもっと早くに訪ねたかった。遅きに失したかもしれないが、それでも、野原保がわたしになにを伝えようとしているのか、この日、保のこころはしかと受け止めた。窓の下にかつての漆畑部落を臨むその部屋で、野原保は家族と柔らかい光を浴びながら、これからも、一日一日をたいせつに過ごしていくだろう。その息子も孫も木地屋として暮らすその人の顔には、ゆったりとした安堵の表情があった。


野原保は元気でいてくれるが、二〇一〇年五月からの半年のあいだに、百四十年前に初めて漆畑に住み着いた人びとの孫の世代にあたる小椋榮一・小椋一市、堀川義美《よしみ》の三人の木地屋が、つぎつぎと祖先のもとに旅立った。どの人の死にも、わたしが「巨星墜つ」の感慨をもつのは、それぞれが長い木地屋の歴史を背負い、こころから愛したたくさんの木曾の木々の木魂に送られて、天空に飛び去っていったように感じるからなのかもしれない。

＊

ひとはどこから来て、どこで暮らし、死んでゆくのか。

ひとの「根っこ」は、生まれたところにあるのか。

それとも、遠い昔、先祖の暮らした「ふるさと」にあるのか。

何百年、もしかしたら、千年もの昔に、先祖があとにした遠い「木地屋のふるさと」近江国東小椋村。

遠く時空を越えたところにある「ふるさと」をかたときも忘れず、「ふるさと」への一途な想いを、代々、継いで生きてきた人びとが暮らす、南木曾漆畑。

漆畑は、また、いまを生きる「ろくろの木地屋」のだいじな「生まれ故郷」である。

根なし草

子どもの頃、わたしは父の転勤にともない、東南アジアで小学校の三年間を過ごした。異国に生まれ育った日本人であった父は、子らを日本人学校ではなく、一クラスに二十カ国以上の子どもが集まるインターナショナルスクールに学ばせた。当時、その学校に学ぶ日本人は、わたしたち姉妹だけであった。父のつぎの転勤先がアフリカと聞き、わたしは子どもごころに、新しい世界をみられると期待した。しかし、家族が体調を崩したため、父の転任のはなしはなくなり、帰国した。当時、十歳だったわたしは、ふるさとに帰ることより、新しい世界で暮らしたいと思った。父にそうはなしたとき、父は「『根なし草』になってもいけないからな」といった。

「根なし草」、「デラシネ」。そのときわたしは、思いがけないことばを父の口から聞いた気がした。父は日本人の両親のもと、アメリカに生まれ、戦後まで日米両国籍をもった、当時は数少ないバイリンガルだった。国際公務員として高い理想をもつ父と囲む食卓で、小学校でのその日のできごとをはなすとき、わたしがちらっとでも人種や国籍、宗教に偏りのあることばを意識もせずにふいに口にのぼらせると、それは厳しく叱責されたものだ。その人が「『根なし草』になってはいけない」ということが、わたしにはとても意外なことに感じられた。

人はどこで生き、将来どこの国籍を取得したってかまわないじゃないか。わたしにはそう反発する気持ちがあった。しかし、大正生まれの威厳ある父に、わたしはなにもいえなかった。そのことがかえって、わたしに「根なし草」のように生きてみたい衝動を植えつけることになったのかもしれない。わたしは、ひとところに居を定めずに、流れるように生きることに憧れた。そして、いつかふるさとを捨てることがあってもいいとさえ思った。しかし、木曾で体調を崩し、こころ萎える事態に遭遇すれば、わたしは時折、東京に羽を休めに帰った。

いつも「旅の空」にいることに憧れながら、ときに、生まれた土地に舞い戻る。父のいった「『根なし草』になってはいけない」に反発しながら、しっかり何十年も前の父のことばに掠めとられるわたしがいる。

木地屋のふるさと

樹齢数百年という木を伐れば、つぎの木が育つまでにおなじだけの時間がかかる。だから、「ろくろの木地屋」は、木を伐り尽くしたところを見切り、新たな山に良材を求めて移り住んだ。

列島各地の木地屋の遺した足跡を、わたしが「輻射点から放たれた流星群」のように感じるのは、「ろくろの木地屋」の道行が、また再び出発点にもどる「旅」ではなく、いってみれば、一方通行の、片道きっぷの道行であったからだ。それは、いま、わたしたちが休みに「旅」にでかけるような、「日常」を脱して「非日常」を「旅すること」ではなく、木地屋にとって山を歩くことは、「日常」の「暮らしそのもの」であった。

「ふるさと」に戻ることもなく、数年おきに暮らすところを変え、転々と移り住む人にとっては、「ふるさと」に生まれたときから住みつづける人と違って、絶えず、みずからやその一族の「根っこ」を、確かめずにいられなかったのではないか。また、あるとき、木地屋は、ひとところに住む人に、「ふるさと」に帰らずに歩きつづけるそのすがたを、「根なし草」のように思われていることに、気づきもしただろう。だから、木地屋はみずからの「根っこ」である近江国東小椋村やその出自を、己にも周囲にも周知したのだ。

いま暮らすところとは異なる、時空を越えたところに「根っこ」をもつ人は、みずからの存在証明を必死に求める。木地屋の「根っこ」は近江国東小椋村であり、そこに祀られた祖神である惟喬親王《これたかしんのう》であった。そして、東小椋村の巡廻人が、列島の木地屋集落を廻って、氏子である木地屋に語り聞かせる惟喬親王の伝承も、わたされた「木地屋文書」といわれる綸旨《りんじ》や免許状や由緒書は、木地屋とその一族の人びとのたいせつな「こころの真実」であった。

また、不文律として、木地屋のあいだで伝えられた式法や職法は、惟喬親王の遺訓とされたものである。山の中にあっては、業祖である惟喬親王が住んだ屋敷より立派な家に建ててはいけないと、どこまでも謙虚に粗末な家を建て、また、皇統の血すじを守るとして同族婚であった。そして、律儀にろくろのしごとに励み、良材を伐り尽くせば、さらに木を求めて、家族眷属を連れて、山を移り住んだ。木地屋は、新しく移り住んだ先でも、そこに立つ木は求めても、その信じるところに従い、山も畑もあえて欲しなかった。深い山の中で、ろくろで挽く木を伐り、結果的に木地屋は山を切り拓いたが、その地さえもわがものとする気など、天からなかった。だから、いざ山の所有権が確定するときには、山も畑も、木地屋にはなかった。

山を移り住んだ木地屋は、もと来たところにはもどることのない、一方通行の道行であったから、死した親族は懇ろに葬り、山犬に墓が荒らされないように小石で骸を守り、墓を残し、その土をもって新しい土地に移り住んだ。それでも山に遺された木地屋の墓をみた人には、たいせつな親族の墓を無縁仏にした謗《そし》りを受けた。そして、礎石のない質素な家を建て、山を移り住む木地屋のすがたは、乞食のようだといわれた。

このように、厳しい遺訓を何百年も守りとおすことは、自然災害や移住先の土地での軋轢《あつれき》などと直面するとき、多くの困難があった。それでもなお、堅固に守りとおした、木地屋の「ふるさと」へのつよい信仰であったのだ。そのように、木地屋が祖神とする惟喬親王の教えにひたすら誠実に生きようとすればするほど、その暮らしは里に生きる人のものとは乖離したものとなった（「木地屋の墓と三峰さま」『伊那』345号〔木地屋特集号〕、井深勉、伊那史学会、一九五七年、『木地師と木形子』杉本壽、翠楊社、一九八一年）。

木地屋が遺訓に従い天業を忠実に行なおうとすればするほど、現地の実際とは齟齬錯綜し、政治的に不利な立場に追いつめられるケースが全国各地で派生した。（『木地師と木形子』）

遠く近江国小椋谷の根元社寺から巡廻人が「木地屋文書」をもち、集落をめぐり、業祖の由緒を木地屋に説くとき、それは「ろくろの木地屋」がみずからの「根っこ」を思い起こし、また、再確認をするたいせつな機会であったろう。木地屋は社寺に寄進し、ふるさととの絆を確かめる。「氏子かり」は、木地屋支配の制度ではあるが、根元社寺、氏子である「ろくろの木地屋」双方にとって、なくてはならないものであった。

遠い「ふるさと」を追い求める想いは、なまじ先祖伝来の土地にあって遠い祖先を想うより、強烈なものであったに違いない。

アイデンティティ

歴史的な視点に立つとき、木地屋の伝承は史実でなく、綸旨は偽文書であるとされる。その歴史的な事実を踏まえつつも、そのとき、伝承を篤く信じ生きた人たちの信仰の真実までもが疑われていいことにはならないのではないか。「ろくろの木地屋」が、伝承や業祖の遺訓を固く信じて生きた堅固な想いのなかにある、木地屋の「こころの真実」を見出したい。そして、山を歩きつづけた木地屋の長い歴史と、数万といわれた木地屋とその家族のほんとうのすがたを知りたい。おなじとき、これらの文書がどうしてつくられるようになり、根元社寺が各地の木地屋にわたし、木地屋は世代を継いで、たいせつに山々を持ち歩いたのかを考えたい。そして、偽文書がどうしてつくられたかは、文書をつくったとされる側の歴史の背景も知らなくては解き明かせない。

わたしは、木地屋のあいだに語り伝えられる伝承と、それを命を賭して守りつづけてきた木地屋にこころを寄せ、木々のうっそうと茂る山の中から響く、重厚で豊かな木地屋の歌に耳を澄ませて、考えつづける。

たとえば天皇の綸旨や戦国武将の免許状は、木地屋が列島各地の山に入り、木を伐り、生業をつづける暮らしをするには、なくてはならないものであった。由緒書は、木地屋が祖神と信じる惟喬親王について代々伝えてきた伝承である。木地屋がみずからを惟喬親王の家臣の血統を継ぐものとしての権威を外の者に伝える。内には、多くの困難に直面しながらも、その遺訓を引き継ぎ、良材を求めて山を移り住むときのこころの支えとなったであろう。また、往来手形にあることは、木地屋が不文律として、伝承してきた慣習である。木地屋文書は、木地屋に対する里の人の「負の思い」を打ち消す役目を期待され、木地屋の誇りの源泉ともなったに違いない。

木地屋にあるように、鋳物師にも偽文書といわれるものがある。そのことについて網野善彦は、「文書偽造の周辺に公家の協力があったのではないかと臆測してみることも、あながち荒唐無稽とはいえまい。（中略）天皇自身がこの文書偽造の共犯者であったことはまず疑いない、ということになろう。もとより、戦国大名も例外ではない。下剋上を通じて成り上がったみずからの出自を考えた時、彼らが文書の真贋に厳密であったとはとうていいいがたい」と書く。さらに「由緒書や物語のなかには、中世から近世への激しい転換期に当って、みずからの生業とかつての特権を保持しようとする、各種の職人たちの切なる願いがこめられていた。なかでも、しだいに固定化しつつある『賤視』と『差別』に直面した人々にとって、それはとくに強烈なものであったに相違ない」「諸種の『職人』たちの生活そのもののなかから形成されてきた慣習や伝承が、これらの偽文書のなかにもりこまれており、なかには一個の法の形をとり、近世では公式に有効とされた場合もしばしば見出しうる」、「偽文書を、それが偽作であるという理由でただちにすて去るのではなく、その作成の動機、背景にまで遡って追究しようとするこの方法は、古文書学の当然とるべき道であり、継承されなくてはならない

（後略）」（『網野善彦著作集第七集　中世の非農業民と天皇』岩波書店、二〇〇八年）。

木地屋が惟喬親王の遺訓を守り、山々を歩きつづけることを止めなかったのは、木地屋が定住してしまえば、それは木地屋支配制度の根元である社寺の支配制度の崩壊を意味したことから、木地屋の総元締の社寺が木地屋を遺訓に従うようにした、といわれたことがあるがどうだろう。あえて困難の多い山の暮らしをつづけ、それでも山にあった木地屋が「根っこ」を想う思いと、「根っこ」である根元地の社寺が氏子を想う思いのふたつが、そこにあったのではないか。

明治時代になると、木地屋はそれまでのように、自由に山に入れなくなる。それは、木地屋の命が絶たれるのとおなじことであった。そのときに、筒井公文所《くもんじょ》の神官である大岩家四十六代の右近器杢実善亡きあと、夫人の大岩婦さは女一人で、愛知県北設楽《したら》郡井山の木地屋部落に四年間住み着き、官吏や、地元のこころある人たちとちからをあわせ、木地屋を救おうと奔走した。それは婦さが筒井公文所の権威の復興と木地屋支配制度の存続を願ったものかもしれないが、見方をかえれば、氏子を守らなくてはならないみずからの立場を鑑みて、身を挺し、私財を投げ打つすがたではなかったか。いま、滋賀県蛭谷には大岩家の末裔はいない。しかし、かつての大岩家の人びとへの崇敬の念が、いまもかわらずに地元の人のあいだにあることに、真実があるように思われる。

江戸時代の終わり頃から、徐々に各地に定着をはじめた木地屋ではあったが、明治時代になると、山から山へ歩きつづけたくともそうすることができなくなり、定住を余儀なくされた。しかし、そうなっても、なお、「ろくろの木地屋」にとって、みずからの「ふるさと」＝「根っこ」が近江国東小椋村であることに揺るぎはなかった。徴兵制が敷かれ、徴兵検査のために、東北や九州など、遠隔地に暮らす木地屋も遠い本籍地に出かけなくてはならなくなるまで、列島各地に定住した木地屋は本籍を近江東小椋村におきつづけた。それは、「近江国愛知郡東小椋村を本籍にすること」こそ、木地屋の「アイデンティティ」、命とおなじたいせつな「存在証明」であったからだ。

＊

そこまで考え及んだとき、わたしは何十年も前の父の心情に近づくのだった。ずっと忘れていた記憶が蘇り、失くしたパズルの一片をみつけたような気がした。日系二世としてアメリカに生まれ、十二歳のときに、初めて両親の母国にやって来た父は、おそらくみずからが「根なし草」の想いを味わったのではなかったか。その想いは、少年だった父のこころに、生涯、澱《おり》のように沈殿し、過去を振り返ることをなにより嫌った父であったが、ふとしたときに、蘇ることがあったのかもしれない。

わたしが学校を卒業した頃には、未だ女には入社試験受験の門戸すら閉ざしている会社が多かった。父にそのことをはなすと、「人種差別よりましだ」の答えが返ってきた。わたしは「そんなはなしをしているんじゃない」と思うばかりで、そのときの父の想いを慮ることがなかった。熱帯魚の泳ぐ水槽をみながら「おなじ種類の魚が群れをつくって泳いでいる」とわたしがいえば、「人種のことをいう人は『熱帯魚だってそうだろ』というんだよ」と父は遠くをみつめるようにして、ぽつりといった。

いまにして思えば、父が子どものわたしに「『根なし草』になってはいけない」といったのは、みずからが「根なし草」の記憶を抱え、子の「根っこ」を絶やさぬようにしたい思いがあったのだろう。ちなみに、父が初めて日本にやって来てから十余年後、ふたつの祖国の間に戦が起こった。日米両国籍をもつ父は、戦後、どちらかの国籍を選択せざるを得なくなったとき、父は日本国籍を選んだが、それでも最期まで日米両国の架け橋になりたいと願っていた。父には、ふたつの「根っこ」のために生きたい想いがあったのだ。

父や、各地を移り住む人、また、「在日」の人たちを想う。「根なし草」に「哀愁やロマン」を感じ、憧れをもてるのは、その人には、あえて意識する必要もない、たしかな「根っこ」があるからだと気づく。

『漆畑記録簿』

「ろくろの木地屋」のひとつ目の「ふるさと」は滋賀県小椋谷だとすると、南木曾漆畑はここに生まれた「ろくろの木地屋」とその家族の、もうひとつのだいじな「ふるさと」である。

南木曾には、いつごろから「ろくろの木地屋」がいたものか。

江戸時代の終わりまで、近江の根元地から南木曾に「氏子かり」に来た記録は遺っていない。南木曾に遺る「木地屋」についての最古の文書は、一七〇四（宝永元）年の三留野の「勝野家文書」である。そこから、一七〇四年以前に木地屋がいたことが推測される。しかし、その人数も生産量も不明である。その後、一七一三年に木地山が再開されるが、十一年後には制約がかかりはじめ、一七二八年には中止される。それから、百五十年間、南木曾に木地屋のいた記録はない。

南木曾の桂や漆畑に「ろくろの木地屋」がやって来る一八七三（明治六）年より以前に、南木曾に限らず、「木曾」にひろげて木地屋の足跡を探してみても、一七八〇（安永九）年の氏子駈帳に、奈良井（二〇〇五年に塩尻市に合併）に四人の木地屋が、一度記載されているだけである（『永源寺町史　木地師編　上巻』永源寺町史編さん委員会、二〇〇一年）。場所は信州筑摩郡木曾奈良井山、日付は寛政五（一七九三）年五月十六日。

明治の世を迎えるまで、木曾谷は尾張藩の統制が厳しく、木地屋が山に入る余地はほとんどなかったのである。

＊

長野県南木曾町漆畑。

今日、小椋、大蔵、堀川などの名を引き継ぐ木地屋の末裔だけで成り立つ木地屋集落は、ここのほかにないといわれる。代々、山を歩きつづけた木地屋が山に入れなくなったとわかったときを出発点に、漆畑に築かれた「ろくろの木地屋」の集落の百四十年間を追う。

一八七三（明治六）年、伊那から南木曾の桂に移り住んだ木地屋は、七年後には、数キロ離れた鍋割沢沿いの漆畑に移り、さらに多くの木地屋が集落に加わった。現在、漆畑の古老のなかに、遠い昔に耳にしたことがあるかもしれない祖父のはなしを、記憶している人はいない。

幸い、一八七六（明治九）年生まれの木地屋大蔵政弥が、一九二七（昭和二）年に『漆畑記録簿』を書き遺す。

『漆畑記録簿』は、未来を生きる人に遺された、漆畑の木地屋みずからの筆による、真に貴重な記録である。そこには、木地屋の出自にはじまり、漆畑部落の歴史が綴られている。『漆畑記録簿』に登場する人びとは、いまも漆畑に暮らす人たちの、祖父母や曽祖父母である。政弥は、「木地屋のふるさと」近江国東小椋村、業祖惟喬親王をなによりたいせつに想う木地屋の心情とともに、木地屋仲間やその家族を、高い誇りとともに書き遺す。

残念なことに、現在、『漆畑記録簿』の原本の行方は知れない。それは、漆畑部落は幾度か火事に遭い、また、昭和の半ばには、集団移転したからかもしれない。二〇一〇年春に、わたしは小椋栄一をとおして、名古屋に住む大蔵政弥の子孫に、原本について訊いてもらったが、やはりみつからなかった。

『漆畑記録簿』については、一九四二（昭和十七）年に向山雅重が書き写したものと、翌年の大蔵政弥への聞き書きが遺る。原本がみつからないいまとなっては、それは誠に貴重なしごとである。

※向山雅重（一九〇四―一九九〇）は、長野県上伊那郡内の小・中学校で教員をつとめるかたわら、『信濃民俗記』な

どを著した民俗学者。柳田國男賞受賞。

大蔵政弥の著した『漆畑記録簿』は十七丁の小冊子だった。一丁は表裏二ページだから、原本はぜんぶで三十四ページの冊子だったことがわかる。その表紙には「昭和弐年一月　卯　吉祥　漆畑記録簿」、表紙裏に「長野県西筑摩郡吾妻村漆畑区　大蔵政弥書　昭和弐年壱月元旦」。

大蔵政弥は、木地屋の歴史から書き起こす。

> 抑々吾等ノ木地業ヲ遠ク尋ルニ、畏モ人皇五拾五代文徳天皇ノ皇子惟喬親王ノ始ル処ナリ。時ハ貞観年中ノ事、五拾六代清和天皇ノ兄君ニ渡セラレ、小椋朝臣ヲ御供ニテ、近江ノ国愛知郡君ヶ畑近山愛川ト言フ処ニ閑居被レ遊。或日ツレツレノ余リ谷川ノ辺リ御歩行ノ時、中秋傍ニ楢ノ木ノ実ノサキ落居リ、御手ニ御拾被レ遊其ノカタチ食器ニニタル故、茲ニ椀器製作栃木ニテ御発明被レ遊、是ガ轆轤手挽ノ始ナリ。此業臣等ノ子孫ニ伝シトナリ。親王ニハ君ヶ畑ニテ御崩御被レ遊、大君大明神御神社ト祭リ、木地師生業ノ祖神ナリ。随行ノ大蔵惟仲卿大蔵氏是ヲ大蔵木地師ノ祖也。（中略）
>
> 　木地職手挽ハ今ヲ去ル壱千余年ニ始ル。元ヲ近江ノ国愛知郡ノ深山ニ住シ、夫ヨリ子孫転々トシテ他国エ移住也。木地職ノ総本家取締ヲ近江国愛知郡蛭谷村ニ大岩氏トス。全国ノ木地屋廻リヲナシ、時ノ朝廷ヨリ、御綸旨ヲ戴キ、朱雀天皇。足利時代、織田氏、豊臣氏、徳川三代氏、木地業ノ證明書ナル物ヲ戴キ、全国ニ渡リ、至ル処ニテ栃木伐採便宜多々有リシト言フ。（中略）

旧幕時代ニハ、帯刀ヲユルサレシトノ事。居士号ハ今日尚各寺ヨリムラウ事。

（『近代民衆の記録4　流民』）

＊

木曾では尾張藩の「木一本首一つ」といわれた木の保護政策のために、木地屋が山に入れなかった江戸時代が終わり、明治時代になると、今度は山の所有権が確定し、ひきつづき木地屋は山に入れなくなった。木を生活の糧とする木地屋にとっては、それはまさに死活問題であった。そのとき、木地屋のなかに、御料林の払い下げを受けることによって、暮らしを立てようと考えるものがあった。それは、木地屋にとっては、代々の生業を継ぎ、木地屋として生活を立てていくことであった。下伊那から南木曾桂にやって来た木地屋が、木曾福島の山林局へ度重なる嘆願をしたために、材料の払い下げを受けることができるようになる。そして、明治初年に、下伊那にいたもののうち、天竜川の東にいた木地屋は川を越え、また、西にいたものは北上して、南木曾をめざした。

それは、江戸時代に木地屋が入りたくても入れず、伐りたくても伐ることのできなかった良材が、未だ木曾谷には残ることを知ったうえでの、木地屋とその一族の運命共同体が、「明日」を賭した最後の道行であったようにわたしにはみえる。そのとき、南木曾は、木地屋にとって、「闇のなかの灯火」のようであったかもしれない。また、おなじとき、山に入れなくなったことを知り、町に出て、転業していく木地屋も多かった。わたしはこれらの人びとの選択も当然のことと思うのだ。ひとところにあまりに多くの木地屋がいては、早晩良材が尽きてしまうのは、木地屋ならだれもが知っていたはずだからである。

明治時代になると、南木曾には、桂と漆畑のほかに、木曾郡山口村（二〇〇五年に岐阜県中津川市に合併）と「信濃国筑摩郡神坂村（現・岐阜県中津川市山口）」、「信濃国西筑摩郡読書村夜川（現・南木曽町読書）」に木地屋が移り住んだ。

時代が変わり、かつてのように、山に自由に入れなくなった木地屋が、それでもなお、南木曾に移り住み、先祖から伝わる生業を引き継ごうとした想いとはなんだったのだろう。ほかに暮らしを立てる手立てがなかったという人がいるが、はたしてそうだったろうか。山に入れなければ、それは木地屋の生業の終焉を意味するなか、未だその生業の火を灯しつづけようとした人たちがあった。そこにあったのは、「ろくろの木地屋」としてある誇りか。みずから「根っこ」を絶やしたくない強い意思だったのか。それとも、木を愛し、木とともに生きてきた人びとの熱い想いか。

南木曾漆畑で、いまを生きる「ろくろの木地屋」の身近に身をおき、そのすがたを知り、ことばを聴いていると、その人たちの祖父や曽祖父の想いが伝わってくる気がする。明治のはじめの、伊那から南木曾への「ろくろの木地屋」の最後の道行を、それが「流れ着いた果ての南木曾」とはわたしには考えられない。

下伊那にいた木地屋が、南木曾をめざすにあたっては、『ひのきの里』（読売新聞長野支局編、草風社、一九七五年)、『木曽谷の木地屋』に、漆畑の木地屋大蔵章のはなしとして「蘭の庄屋尾崎縫之丞に招聘された」とある。

しかし、尾崎家の過去帳を調べても、「尾崎縫之丞」は当時の蘭にその名はなく、それは尾崎きさ子の舅「逢之丞」の誤りではないかと考えられる。しかし、「尾崎逢之丞」の生没年を確認すると、年代が合わない。したがって「尾崎縫之丞」とされる人は、逢之丞の父「尾崎逢右衛門」ではないかと考えられるが、この人が木地屋の南木曾招聘にかかわったとする記録は遺っていない。木地屋がこの地にやって来るには、三河国井山の木地屋を助けた稲橋の古橋家の役割をする人があったとも考えられるが、『漆畑記録簿』ではまったく触れられていない。


かつて、木曾と飯田は大平街道で結ばれていた。その街道沿いにある桂は、木が生い茂り、斜面の勾配は急である。一八七三(明治六)年、この地に、伊那から木地屋はやって来た。南木曾町に遺る一八七八(明治十一)年の寄留届から、当時、桂には十五戸七十人を越える人たちが暮らしていたことがわかる(『南木曽町誌』)。

桂にいた大蔵弥太郎は、木の払い下げを受けるために、たいそう尽力した。伊勢大社に七度参り、福島山林局へは十四回もかよったと『漆畑記録簿』にはある。

鉄道の開通は、明治四十年代を待たねばならない。現在、普通電車に乗っても、南木曾駅・木曾福島駅間は五十分ほどかかる。また、駅から桂までは、クルマでも三十分ほどの道のりである。大蔵弥太郎がそうまでしたのは、木の払い下げが受けられるかどうかは木地屋やその家族すべての生き死ににかかわる問題であったからだ。

そののち、七年後には、桂にいた木地屋は、鍋割沢沿いの窪地、漆畑に移り住んだ。その十四戸の戸主の名が『漆畑記録簿』と「氏子駈帳」にあり、榮一の祖父の小椋榮太郎の名前もある。

漆畑について、「渓流に沿ったほどよい窪地」、「陽だまり」と書かれたものがある。しかし、そのような土地にしたのはそこに移り住んだ人たちのちからであった、と先の小林俊彦の『地名考　廣瀬村』から知るのだった。

廣瀬村の漆畑は、享保九年に木曾福島の山村代官所の命令によって、清内路峠への路の傍らを流れる、鍋割沢と、木曾峠から流れる桂の沢（中の沢）の右岸の河川敷は、度重なる水害によって、御停止木や木曾五木が成育しなかったと推定される。（漆苗畑の候補地は、上畑ではない地を開墾するという命令）荒地を開墾して、漆の苗畑を造成した。この場所は、土壌条件が漆に適していたので、のちのちまで漆の木が成育していたので、地名が村人の記憶に残っていたのであろう。（中略）

（松本註：木地屋が桂から漆畑にやって来たときには）明治十三年当時には、享保年代に植えられた漆の木は、すでに絶滅していたであろう。荒れた川原であったと伝承されていた。

「ろくろの木地屋」が入植した漆畑は荒地だったのだ。いまさらだが、そうだったのかとわたしは思った。荒地であったからこそ、当時、よそからやって来た者が入植できたのだ。しかし、そうであっても、「ろくろの木地屋」は御料林の払い下げを受けながら、ろくろを挽き生活を立てようとしたのであった。遠い昔から、山で困難の多い暮らしをして来た木地屋はたくましい。
漆畑に入植したとき、手挽きろくろで木地を挽いていた人びとは、それから十二年後には、部落の傍らを流れる沢で水車をまわしてろくろを挽きはじめる。榮一は、漆畑部落には十一基の水車があったという。おなじ生業の木地屋とその家族が、ここに集落をつくって暮らした。「荒地に賑わい」、それは木地屋のつよい生命力があってこそだ。

南木曾漆畑に木地屋が移り住んだ八十年後の部落のすがたを、杉本壽が書き遺す。

八十年前に移住しきたり、当時は十二戸であったが今では二十八戸になっている。集落は密集して木事業を営んでおり、空地が少なく漁村集落に類似している。今日もなお木地業は自家労力による家内手工業であり茶櫃・盆などを主として製造している。

（「木曾地方の木地師制度」『伊那』584号、伊那史学会、一九七七年）

海と山の違いはあるが、漁師が海で魚を獲る、木地屋が山で木を伐る集落。なるほど、漆畑部落のたたずまいは漁村に似ている。

木地屋の「山の神」神社の祠《ほこら》の中には、「大山祇神《おおやまつみのかみ》」のお札が、木地屋の神様とともに祀られている。「オオヤマツミ」とは「大いなる山の神」のことである。大山祇神は別名和多志大神であり、「わた」は海の古語で、「海の神」でもある。大山祇神は、山と海を司る神であり、自然界の恵みをもたらす神である。その神は女だといわれる。子を産む性である女は、豊穣のシンボルである。

かつての漆畑部落が、いまもおなじところに、ほぼそのままのかたちで遺る。住人はいまも遠くないところに住んでいるので、家は空家だが、現在も材置場や作業場としてもつかわれている。かつての漆畑部落は、いまは数十年前のにぎやかなざわめきはなく閑散としており、路の両側はイノシシにほじくりかえされるままになっている。しかし、ひとたび目を閉じれば、かつての部落の人たちの暮らしが目に浮かぶ。それは、一九七七（昭和五十二）年に飯田の写真家藤本四八によって撮影された、かつての部落の風景のなかにたくさんの人がいて、メンコに興ずる子どもの笑い声も聴こえてきそうな写真をみているからだ（「地上」第二十九号、家の光協会、一九八四年）。

＊

『漆畑記録簿』によると、一八七七（明治十）年以降はとても景気がよかった。「飯田漆器」の木地として、飯田にろくろで挽いた白木の木地を卸していた。一八八四（明治十七）年になると、不景気になり、木地屋は行商に出たり杣《そま》などをした。その後、岡谷や諏訪などの製糸工場でつかわれるギリの注文が増え、あわせて、一八九二（明治二十五）年にはそれまで手挽きであったろくろを水車でまわすようにしたために、生産量が飛躍的に伸びた。政弥は、水車の利用を「一千年来ノ手挽ハ機械挽トナリ、実ニ一大進法ト言フ」と書く。小さなギリの製作には女の人も参加した。なおギリ（皷車）とは、生糸の座繰機械につかわれる木製の滑車のことである。小さなもので、女の人も盛んにつくり、岡谷や諏訪の製糸工場に送られた。

木地屋はしごとのかたわら、養蚕もし、桑の木を植え、副業とした。一八九四、五年（明治二十七、八年）からは上景気となった。一九〇二（明治三十五）年に漆畑の土地を買い入れた。しかし、一九一二（大正元）年から木地屋のしごとは少なくなる。一九二〇（大正九）年には、御料局が部落の川向こうの森を伐採してくれたので、陽あたりがよくなり、畑の作物がよく育った。一九二一（大正十）年には電気がついた。その頃から、東京へ移転するものもあった。

一九三二（昭和七）年に組合を創立し、組合名義で商いを行なった。「商人は全国的に来る。宮島などなかなか多い。四国・大阪・名古屋・長岡・佐渡・東海道・北海道・樺太までも取引がある」と政弥は語っている（『続信濃民俗記』）。

「ろくろの木地屋」は、山の中にあって、ただただ木を伐り、ろくろを挽いていたわけではない。『漆畑記録簿』には二十七首の短歌や俳句が紹介される。山を歩いた木地屋は、漢詩や短歌や俳句をよく詠んだことが知られている。杉本壽は「書をよくする人々も少なくない」と書き、松山義雄は

「昔の木地屋は、浄瑠璃の語れないものはなかった」、「木地屋は余暇があれば、浄瑠璃や三味線、ときには芝居にうちこんだ」と記す。『漆畑記録簿』には、漆畑に移り住む前の、江戸時代の終わりに下伊那郡千代村野池にて詠まれた大蔵勝太郎の歌など、多くの歌が記録されている（「木曾地方の木地師制度」、『深山秘録』松山義雄、法政大学出版局、一九八五年）。

政弥は、道具やしごと、木地屋の暮らしなどについて、向山雅重の聞き書きに詳述している。「（山を歩いた木地屋は）昔は庄屋と相談して、年貢を納めるとか、買うとかして山へ入った。ほとんどどこへいっても伐れたといっていいだろう。木は山、暮らしは呑気。木地屋は一ヶ所に五、六軒ずつ。木に限りがあるから大勢ははいれない。それも五年から十年ほど。掘立小屋をつくってわたった。道具も家も簡単、簡単、という生活であったわけである」。

また、「氏子かり」については、「明治になるまで近江国の大岩右近が木地屋を支配していた。水上《みなかみ》といって何かにつけて伺う。彦根の家老の弟が養子にきたほどの家で、この家には木地師に賜った御綸旨の本書があるといい伝えられている。自分の所はおじいの代まで、この江洲君ヶ畑に本籍があった」。

わたしは「大岩家が木地屋を支配していた」とする政弥のことばに着目する。木地屋は根元社寺の支配の下にあったとし、それが、野原保の「税金を集めに来る人」につながる。

「菊の紋」については、「木地師の人は昔は、五七の桐に、十六の菊の紋を使っていたが、今は五三

桐に梅鉢など使っているのが普通。しかし、わしらは遠慮して、五七の桐に輪をかけた紋をつけている。やっぱりわしらはコートだから……」。「コート」は、「皇統」であろう。木地屋はみずからの出自に対しては揺るぎない信仰をもっていたことが『漆畑記録簿』からうかがわれる。

榮一と行った漆畑の墓地のいちばん高いところに一九四〇（昭和十五）年に建てられた「木地先祖」の石碑にはふたりの戒名「大光院一道貫之居士」「万法院一道長寿居士」が書かれている。大蔵勝太郎とその息子久蔵。八十四歳で亡くなった久蔵の墓に、一八六五（慶應元）年九十六歳で下伊那郡千

「黒水一滴」の木地屋のスケッチより

代村で歿した勝太郎の墓を移したものである。勝太郎は『漆畑記録簿』に、「大蔵惟中卿五十三代ノ子孫」とある。勝太郎は山を歩いた木地屋で『漆畑記録簿』には、その足跡が書かれている。安永年間に下伊那郡和田町字押手に生まれ、三歳のときに下伊那郡上村、十六歳のとき上村平城に越し、下伊那郡千代村野池に越したときは八十八歳であった。そのとき六十一歳であった息子の久蔵は、父の米寿を祝い、勝太郎はその地で九十六歳で天寿を全うした。大蔵勝太郎は、生まれてから死ぬまで山を歩いた木地屋であった。

石碑には勝太郎と久蔵の略歴とともに、漆畑木地屋の来歴が記されている。

大蔵小椋堀川は今より千有余年前近江国愛知郡小椋村字君ケ畑に居住し　其後伊那路に移り明治初年現地に住居し代々木地職に従事す

＊

明治、大正、昭和と、漆畑の部落で暮らしながら、木地屋は山に木を伐りに入り、水車小屋でろくろのしごとに精を出した。そして、木地が挽けたら、かつては飯田の町に下ろし、また、よその地に売った。

大正時代には、各地から塗師屋を漆畑に招いて塗りもするようになる。その後は、木地屋が挽いた木地は白木の素地ではなく、木地屋みずからも塗りをてがけ、完成した製品として出荷し、木地屋業はますます発展した。子どもたちは、小学校にかよい、地元の子どもたちと机を並べて勉強をした。

木地屋は、みずからがつくった木地が塗師屋によって漆を塗られ、しあげられることついて、日頃から思うところがある。木地屋のもとで世話にならなければ、わたしも気づかなかったことであるが、それは「漆器」を考えるとき、見過ごされやすい木地屋の視点である。

（松本註：サクラなど色のある材でつくり、漆を塗らない木地は）素地そのもので優秀な技術を示せるから製作者の木地師自身も快心であった。ところが作品に漆を塗ってしまうと、素地がどのように立派な作品であっても技術のあとが隠されてしまい、かえって塗法そのものが作品の価値を決定する基準となる。塗法さえ立派であれば下素地はどうでもよいことになるから、白木専門となった木地師は、自己の技術が十分認められないので精神的におもしろくなく、こうした事情も木地師制度衰頽の端緒となったことは否定できない。

（『木地師と木形子』）

歴史的に、木地屋と塗師屋は分業であった。しかし、木地屋が木の目を活かした木地をつくっても、塗師屋に木地を活かした塗りをしてもらえないとき、木を知る木地屋はみずから塗り、製品にしたい想いがあった。

木地屋が塗師屋でもあるとき、塗りは従来の塗師屋の手になるものと違い、往々にして木の目が透けて見えるものである。それは木地屋が塗りの手を省いたのではなく、木の目を活かす塗になるからである。厚く漆を塗ってしまえば、いくら木地に良い木をつかっても、漆に塗り込められてわからなくなってしまう。良い木で木地をつくり、腕の良いしごとをみせたい木地屋は、それを悔しく感じる。木の美しさを熟知する木地屋は、塗師屋に木の目を活かした塗をしてもらいたいと願っているものなのだ。

漆畑では、大正時代に、日本各地の塗師屋、いわばよそものを漆畑に招聘した。その才覚には、この地の木地屋の進取の精神をみる思いがする。そのなかのひとり、上松の徳原政吉は木曾福島で塗を学び、漆畑にやって来て、木地屋の娘と家庭をもった。徳原政吉は、木の目のみえる、「摺り漆」をよくしたという。

漆畑に各地の塗師屋が入る前の明治の中頃、三河国井山の美濃屋に日本各地の塗師屋が入っていた。美濃屋古橋木地店は一八八九（明治二十二）年から木地工場とともに漆器店をはじめ、飯田・木曾・静岡・山中・会津などから塗師屋を招聘した。「さながら日本漆器界の縮図の観あり」と『奥三河の木地屋』（北設楽郡木地屋研究会、愛知県教育委員会設楽教育事務所、一九五七年）にある。そして、「欅尺二丸膳」を「摺り漆縁底黒」に仕上げて内国博覧会に出品し、名誉金牌を受賞した。店主の古橋信三郎は狂喜したというが、「美濃屋漆器の水準は日本漆器の水準を抜いた」のだ。それは一九〇三（明治三十六）年に大阪で開催された内国勧業博覧会でのことだと思われる。

井山と木地屋の行き来のあった漆畑の人びとは、そのことを知っていただろうとわたしは推測する。よそより一歩先に出るための才覚と度胸。そのために必要な情報収集網を、距離が離れていても互いに関係の密であった「ろくろの木地屋」は、遠い昔に、山に散ったときからもっていた。ちなみに、美濃屋が、内国博覧会に出品して受賞した作品は、実物はわからないが、作品の題名から、木の目を活かした作品であったと思われる。「摺り漆」の受賞に、わたしは木地屋と関係が深かった美濃屋を想う。

『木地屋物語』

漆畑の昔を知れば知るほど、わたしは、明治中頃から昭和はじめにかけて、木地屋に会いたい人がこの地を訪れていたら、かつて山を歩いた木地屋たちも存命で、山に暮らしたことのない者は未だ知らない、魅力溢れるはなしを聞くことができたであろうと思うのだ。そして、木地屋のみやましいすがたも、活力に満ちた山懐にたたずむ木地屋部落もみることができたに違いない。

いまから百年前に、里のだれかにはなしを聞くのではなく、山に上がり、先入観をもたず、虚心坦懐に「山の人」にはなしを聴きにやって来て、じかに木地屋に会っていたなら、宝のようなはなしを山ほど聴くことができただろう。たくさんの生き物が蠢き、躍動する山、森の木魂、山に生きる人の暮らしを。

一九一一（明治四十四）年一月に書かれた柳田國男の『木地屋物語』は、つぎのような文章で終わる。

馬鹿なことを言うようであるが、自分はつくづくと髭がはえているのが残念に思う、諸国の木地屋はきっと珍しい深山の見聞をたくさんに持っているに違いないが、せっかく暇を潰し骨を折って山中に入り彼等の在処を突き止めても、彼等はおそらくは永年の習慣の惰性で隠れまわって逢ってくれぬであろう、またようやくの事で彼等と炉の縁で対坐する機会があってもあるいは苦笑しあるいはもじもじして何も話してはくれぬであろう、天地寥廓《りょうかく》たる冬の夜などに彼等の聞いた滝の音風の音の神秘は我々にとってはほとんどゼンガムビア（松本註：セネガルとガンビア両国にまたがるセネガンビア地方）の古伝説と同じくらいに縁遠いものである、実際何十代の山の中の生活の間にはいかに鷹揚《おうよう》な彼等にも伝えずにはいられぬいろいろの不思議があったろう、また彼等には不思議とも思わぬようなありふれた事柄でもきっと気の遠くなるほど耳新しい話がたくさんあるに違いないがほとんと聞き出す手段がない、実際彼等の面会する人または物の中でボタンの附いた筒袖を着ている我々仲間ほど縁の少ない気味の悪い心の置ける相手方はほかにあるまいから何といっても仕方がない、木地屋の中にも一人くらいは歴史家があってもよさそうなものだ。

柳田國男が『木地屋物語』を書いた当時、木地屋は、漆畑から飯田まで、馬に荷をつけて木地を卸しに出かけた。標高差三〇〇メートル、行程三十二キロ、八里の道のりであった。いまではずいぶん遠いように感じるが、当時は、子どもも大平街道を歩いて行き来した。また、飯田に芝居を観にいく木地屋もあった。

柳田國男は『木地屋物語』を発表する十年前に、旧・飯田藩士柳田直平の養子となり、「秋風帖」では、一九〇九（明治四十二）年に、「草履十一里」の記述がある。そして、柳田國男は一九〇一（明治三十四）年冬と一九二二（大正十一）年三月に、飯田と木曾のあいだの大平街道をとおろうとしたが、悪天候のため断念した（「柳田国男と信州　三　木曾と飛騨の旅」『信濃』第三十巻三号（通巻三三九号）、胡桃沢友男、信濃史学会、一九七八年）。しかし、そのとき、大平峠を越えようとした目的は木地屋集落を訪問しようとしたものではなかった。

柳田國男は知っていたろうか。木地屋は素朴な短歌や俳句を詠み、芸能を楽しむ人たちであったということを。木地屋は、はたして柳田國男が想像するような、隠れまわり、もじもじしてなにもはなしてくれぬ人たちであったろうか。もしも、柳田國男が、飯田から足を伸ばして漆畑にやって来ていたなら、かつては山を歩き青年期に南木曾に定着した小椋榮太郎にも、福島山林局にも木の払い下げを嘆願に通った大蔵弥太郎にも、一歳年少の『漆畑記録簿』を書き、部落で「学者」の愛称で呼ばれていた大蔵政弥にもはなしが聴けただろうに。

歴史に「もし……」はないのはよくわかっているけれど。

柳田國男は「木地屋のこと」（「故郷七十年」『日本人の自伝13』平凡社、一九八一年）につぎのように記す。

明治になって山林を自由に伐ることができなくなった木地屋は大体二つに分れてしまったようである。まず少し有能の士は里に降りて来て木地の卸売をし、方々と連絡をとって大規模な生産や供給をした。次に能力の乏しい方は、コケシなどを造るようになったのではなかろうかと考えている。

明治時代に、自由に山の木を手に入れることができなくなってからも、山に残った木地屋のなかには、あえて、山に残り、ろくろを挽きつづける木地屋があったのではないかと『漆畑記録簿』を読み、わたしは考える。タイムスリップできるものなら、飯田と南木曾の木地屋部落のあいだの、八里の道のりを、わたしはだれが止めようと、ぜひ木地屋に会いにいく。そして、山を歩いた木地屋が、山でみたり聴いたりした宝のようなはなしを聴きたい。そして、山に自由に入ることができなくなっても、なぜ「ろくろの木地屋」は山に残ろうとしたのかも聞いてみよう。

漆畑の「ろくろの木地屋」のご先祖様は、木が好きで木と離れて暮らしたくないからとか、この稼業が心底好きなのだとか、祖先から継いだしごとをみずからの代で終わらせるわけにはいかないとか、業祖の教えだからと答えるだろうか。

かつて山を歩いた木地屋と同時代を生き、幾度も信州を歩いた柳田國男が、当時、木地屋が多く住んでいた漆畑を、訪れなかった理由とはいったいなんだったのだろう。

根っこ

シンボル

ヨーロッパで生活している移動型民族を、かつて「ジプシー」といった。しかし、その呼称はしばしば蔑称ともされ、今日的には「ロマ」といわれることが多い。

「ジプシー」は広辞苑にはつぎのようにある。「インド北西部が発祥の地といわれ、六〜七世紀から移動を始めて、今日ではヨーロッパ諸国・西アジア・北アフリカ・アメリカ合衆国に広く分布する民族。移動生活を続けるジプシーは、動物の曲芸・占い術・手工芸品製作・音楽などの独特な伝統を維持する。ロマ。転じて、放浪生活をする人々。

世界を見わたしても、その地に古くから定住する人と、ほかの地からやって来る人の間では、文化的な軋轢《あつれき》が絶えない。ロマの人びとは、はじめ「聖なる人」として受け入れられたが、独特の外見や閉鎖的な小さな集団で移動していることから、次第に不信の目が向けられ、地元に定住する人びとと接触する機会にしばしば差別や迫害にあった。

ロマの国旗には、青と緑の旗に、赤い車輪が描かれる。車輪は、その人びとの「根っこ」であるインドを表わし、また、流浪の歴史を表わすという。ロマの旗は一九七一年に開催された第一回ロマ国際会議で制定された。

ロマの人たちの「根っこ」であるインド国旗は、サフラン・白・緑の旗の中央に、糸車（チャクラ）が配される。糸車は法（ダルマ）を表わしているともいわれる。車輪は、チャクラ、転生、陰陽などといった周期や規則的くり返しの象徴でもある。

ロマの国旗に描かれた赤い「車輪」は、そのかたちが「十六弁の菊紋」とよく似る。

「ろくろ」と「車輪」。「ろくろ」は、何千年もの昔に、中央アジア、あるいは中国で創案されたものという。エジプト神話では、クヌム神は「最初の人間をろくろの上でつくった」とされる。また、風力や水力エネルギーを利用するために発明された「車輪」は、はじめ「ろくろ」としてつかわれていたという。

「轆轤《ろくろ》」の文字に着目する。禅宗の経典『碧巌録』に「阿轆轆地《あろくろくじ》」、「転轆轆地《てんろくろくじ》」とあるのを知り、専門家にはなしを聞いた。「轆轆」と「轆」の字をふたつ重ねたことばの意味は「車が音を立てて走るさま」。「阿轆轆地」、「転轆轆地」は「車がくるくる回るように、物事が停滞することなく、滑らかに運ぶこと」。

「ろくろ」と「車輪」は、その起源を調べると、ふたつは遠くないところにあるのだと知る。柳田國男がかつて『史料としての伝説』（村山書店、一九五七年）に、越後小川荘中山村（現・新潟県東蒲原郡東山）の「高倉天皇陵の記事を尋ねてみる必要がある」とし、村から五丁ほど西にあたった「小倉嶺」と呼ばれるところにある「墓地の構造」について書いたことが頭をよぎる。ここに、「車の形に造った石塔のごときものがあり、中は空虚にして履み石の左右に、十六の車輪を彫り付けてあると言う」。これが意味するところはなんだろう。

「ろくろ」も「車輪」も、人類の大きな発明であった。人は「車輪」に、「転生」や「輪廻」など多くの意味を読み取った。「車輪」と「ろくろ」が、もし、遠くないところにあるのなら、「転生」や「輪廻」を象徴する、くるくるまわる「ろくろ」をかついで、自然界の山から山をめぐった木地屋の宇宙観や死生観はいかなるものであったか。

ロマの国旗に描かれた「車輪」と「菊紋」は、その紋章をつかう人たちが、ともに移り住む人びとであったことを想い、ふたたび、ふと立ち止まる。「車輪」は、中央の轂《こしき》に、輻《や》が放射状に差し込まれている。ちなみに、「轂」は、現在よくいわれる「ハブ空港」の「ハブ」、「輻」は「スポーク」の和語である。「ろくろの木地屋」の列島各地に散在する様を、「轂」をふるさとである近江国東小椋村、「輻」の一本一本をひとりひとりの「ろくろの木地屋」の軌跡とすれば、それはあまりにうがちすぎか。

榮一のはなしてくれた「霜月新月伐り」が、時空を越えたにひろがりをもつように、山を歩きつづけた木地屋の「ろくろ」も、遠い世界につながりをもつのか。残念ながら、いま、わたしにはこのことを深く知る術がない。

いま、唯一たしかなことは、山を歩いた「ろくろの木地屋」の「根っこ」は近江国東小椋村にあり、祖神が惟喬親王であるところから、「ろくろの木地屋」は「十六弁の菊花紋」を家紋としていることである。

杳として

山々に囲まれた陰影に富んだ、趣の深い木曾谷を「暗い」というとき、わたしは、「杳として行方がしれない」の「杳」を想う。「木＋日」と書いて、「杳」ヨウ。「杳」はその文字がしめすとおり、「木の下に日をおいてくらい意味をあらわす」（漢字源）。「暗いさま。深く広いさま。はるかなさま。はっきりわからないさま」（広辞苑）。「杳」は、その目にしたままを表わし、よけいな価値を付け足さない。木曾谷の暗さをどう表わしたらよいかと考えあぐねているときに、わたしはまさしく「杳」が似つかわしいと思うのだった。

近江国東小椋村蛭谷と君ヶ畑は、「ろくろの木地屋」の「ふるさと」である。二〇〇九年暮れあたりから、わたしは、漆畑の昔を知るにつけ、「木地屋のふるさと」小椋谷へ、ぜひ行ってみたいと思うようになった。

年があらたまると「いつなら行かれる？」と今度は漆畑からたびたび連絡をもらった。わたしはといえば、このとき、体調を崩し気持ちが前を向かなくなっていた。そのときに、たったひとこと「行きます！」といえばよかったのに、時は待ってはくれない。夏を迎える前に、いっしょに小椋谷を訪ねようといってくれていた小椋榮一はあの世に旅立った。

＊

二〇一〇年九月、榮一の妻と長男とわたしは、「木地屋のふるさと」に向かった。

漆畑から目的地へ高速道路で向かえば、二時間半ほどの、日帰りできる距離である。かつての近江国愛知郡東小椋村は、現在、滋賀県東近江市である。

いまも昔も、「木地屋のふるさと」である小椋谷とは、いったいどのようなところだろう。そこは、南木曾漆畑よりもさらに木が生い茂った「杏とした」ところだろうか。

「紅い花」や「李さん一家」など、つげ義春の描いた「杏とした」世界。わたしのこころのなかに描きつづけた小椋谷は、かつて読んだつげ義春の描いた漫画の風景と似ていた。

『つげ義春流れ雲旅』（つげ義春絵・文・写真、大崎紀夫文、北井一夫写真、旺文社文庫、一九八二年）は、一九六九年夏から一九七〇年暮れまでの六回の旅を「アサヒグラフ」に掲載したものである。そのなかに書かれた「北陸雪中旅」のはじまりは、小椋谷である。

つげ義春の「流れ雲旅」に遺された四十年前の小椋谷。それは、まさしくわたしの想像したとおりの「杏とした」ところであった。政所《まんどころ》、蛭谷、君ヶ畑へと、一行は向かう。
大崎の文章に、つげ義春撮影の写真が三枚添えられている。写真の一枚目には、蛭谷の小椋金右衛門の家の中の様子が写る。割烹着を着た女の人の背中と小学生くらいの男の子と幼女の顔が見える。三人は石臼をまわし、ひし餅用の粉を挽いている。もう一枚は、茅葺《かやぶき》屋根の家が並ぶ君ヶ畑部落の風景。最後の一葉は、君ヶ畑の神社の祈念祭に参加している地元の男の人七人が写る。

小椋谷

南木曾から小椋谷に向かったわたしたち三人は、まずは東近江市役所永源寺支所、地域産業振興会館に寄った。二つの建物には、日本各地の「ろくろの木地屋」の作品が展示されており、なかに小椋榮一の作品もあった。産業会館では、『永源寺町史』編纂にも加わった西村和恭が、正幸の曽祖父小椋榮太郎の名前の記載された「東小椋村蛭谷籍大字蛭谷木地師戸籍」を用意して待っていてくれた。正幸は、そこに書かれた、曽祖父榮太郎の蛭谷の本籍やその母の名を、静かに感慨深くみつめていた。

蛭谷に向かう道中、シガ子は「昔、家族で来たときはこの宿に泊まった」といって川淵の宿を指差した。「子どもらがにぎやかしくしたものだから……」と、木地屋家族の「ふるさと」への小旅行を思い出深そうにはなしてくれた。近江の「木地屋のふるさと」に、木地屋の夫婦が子ども三人を連れてやって来て、根元地の寺社に詣でることは、どんなにか誇らしいことだったろう。こころ浮き立つ子らは、家族旅行にやって来て、もしかしたら「ふるさと」の意味がよくのみこめていなかったかもしれないが、その父母は、先祖代々の生業をつぎの代に引き継ぐことを誓いに、ここまで来たものだろう。このたびのわたしは、そのときの三人の子らの心情と近いものがあった。

蛭谷へ向かう道中の景色を南木曾の山々と比べる。ともに木がうっそうと生い茂るのはおなじだが、国道の両側に木地屋の店の立ち並ぶ南木曾漆畑と、これから「信仰の聖地」に向かおうとするこころ持ちの違いからか、蛭谷と君ヶ畑に向かう道は深閑としてみえた。

昼過ぎに蛭谷の神社を訪ねる。石段を上ると、そこに筒井公文所と木地師資料館がある。「聖地」を感じさせる静かなたたずまいである。きらびやかなことはひとつもない、真摯に人のこころを寄せるところである。

この日は、平日であったから、ここに立つのはわたしたち一行だけであった。資料館の中には、多くの資料や道具、各地の木地屋から寄贈された木地やこけしが詰まっていた。「木地屋文書」が展示され、蛭谷の氏子駈帳もすべてここに保管されていた。数十冊ある氏子駈帳のなかから、西村は小椋榮太郎の名前を事前にみつけてくれていた。いままで、わたしは氏子駈帳が活字になっていたものをみていたが、手書きで綴られた氏子駈帳をみると、また、別の感慨も湧くのだった。わたしは、目の前に、昔の木地屋がたしかに立っているような想いがした。数百年ものあいだ、ここ蛭谷の根元地から、巡廻人はこの帳面をもって、列島の隅々まで木地屋を訪ね歩いたのだ。その記録を、二十一世紀の今日、手にできることの重みを十分過ぎるほど感じる。数年おきになされた巡廻の記録をみれば、そこには、木地屋の在住地、徴収金額とその名目、人名が列記されている。そのために、全国の木地屋分布と移動の経路、経済状態や家族や集団の形態が読み取れる。それはいまを生きる木地屋が、そのルーツを追いかけることのできる稀有な資料なのである。この資料群が、後世まで、だいじに保管されることを切に願いたい。

わたしたちは、筒井峠と君ヶ畑へと向かった。正幸が運転し、後部座席にシガ子が座るクルマの助手席に、子どものようにちんまり座るわたしには、蛭谷から君ヶ畑へと向かうあいだ、窓の外にひろがる景色は杳くもわびしくもなく、淋しいものでもなかった。それはそのときのわたしの気分の問題だけではなかった。この日訪れた小椋谷は、実際に杳くなかった。クルマで蛭谷から君ヶ畑まで上がっていかれるいまは、昔のようではなく、ひらけたところであった。小椋谷には、かつて、木地屋が各地から「木地屋道」といわれる山々の尾根道を飛ぶようにしてやって来て、社寺の行事のたびに馳せ参じたという。そのとき木地屋がみた風景とは異なるものを、この日、わたしはみているに違いなかった。そしてそこは、つげ義春一行が訪れた四十年前の小椋谷でもなかった。薄暗いといえなくはないが、小椋谷はわたしが想像していたところより、ずっと明るいところだった。

筒井峠の惟喬親王御陵の入口近くに、惟喬親王像があった。台座には各地の木地屋の名が記されているなかに小椋榮一の名をみつけ、指で幾度もその名をたどった。そこでは、いまでも毎年七月に、全国から多くの木地屋が駈けつけ、催しがひらかれる。

　君ヶ畑の大皇《おおきみ》器《き》地《じ》祖《そ》神社《じんじゃ》では、スギの古木が迎えてくれた。シガ子は「お父さん（榮一）は、このスギを何度も撫でた」といった。木を知る各地の木地屋を迎えるにふさわしい、みごとなスギの古木である。入口には「日本国中木地屋之御氏神」の石標があり、遠くからやって来た木地屋がこの石標に接したときの思いを偲んだ。この碑を目にした木地屋は、みずからが木地屋であることを、どんなにか誇り高く思ったことだろう。金龍寺も、辺りの静かな風景にとけこむように建っていた。

　漆畑の木地屋はだれもが、過去に幾度かは小椋谷を訪れている。漆畑の木地屋に限らず、全国各地に暮らす木地屋が、ここをめざしてやって来る。それはここ蛭谷と君ヶ畑が「木地屋のふるさと」であるからだ。筒井峠の惟喬親王御陵も君ヶ畑の大皇器地祖神社も、蛭谷で感じたような、「ろくろの木地屋」にふさわしい、静かで質素、清らかな「聖地」であった。

　君ヶ畑でろくろを挽く小椋昭二の工房をみせてもらい、蛭谷の木地師資料館を管理する小椋正美宅に向かった。はなしを聞けば、小椋正美の家こそ、つげ義春一行が四十年前に雨宿りをさせてもらった家であった。正美もその妻も慎ましい人たちであるが、高い誇りをもっていることが感じられた。ちなみに、つげ義春の撮影した写真に写るのは、正美の母と子どもたちである。つげの写真には写らないふたりに、写真が撮られたとおなじところで、はなしを聞かせてもらうことになった。夫人が茶菓子を添えて、自家栽培の茶を入れてくれた。「宇治は茶所、茶は政所、娘やるのは縁所、味のよいのは九居瀬の茶」。蛭谷でも君ヶ畑でも茶が栽培されている。小椋正美は七十年前の蛭谷の様子を、「昭和のはじめ頃、木地屋の男も女も、遠くからたくさんここにやって来た」とはなしてくれた。よそからやって来た木地屋を、まるで親戚がふるさとへ帰って来たような意を尽くして迎えた蛭谷の人びと。正美の話を聴きながら、その風景は温かく、にぎやかで華やいだものだったのだろうと思うのだった。

*

この日、わたしは、初めてその地にやって来て、小椋谷はいまも昔も、日本列島の隅々までわたっていった「ろくろの木地屋」のたいせつな「ふるさと」であり、強烈な信仰の「聖地」であることをつくづくと感じるのだった。小椋谷の蛭谷と君ヶ畑では、それぞれの「聖地」のたたずまいは異なるが、筒井公文所でも金龍寺でも、「菊の紋」がいたるところにあった。また、「五七の桐紋」もあった。紋はどれも鮮やかな金色をしていた。高い木々に囲まれたなかにひそやかに建つ木造の社寺に、輝く小さな金色の「菊紋」が、ここを訪れる人にあざやかにその存在をつげていた。

小椋正幸は、この日めぐったどの社の前でも、ピシッと姿勢を正し、拍手《かしわで》を打って、くっきりとからだをふたつに折り、礼をした。それは、茶の道も知る若い木地屋の所作であった。

木地屋がその「ふるさと」の聖地を訪れている。その空気を乱さないようにとこの日わたしはこころがけた。小椋正幸とシガ子とともに、小椋榮一や、先祖、列島各地の千年の歴史に生きた数多くの「ろくろの木地屋」が、いまこのときに、信じる神のもとに参っているようにわたしには感じられた。「聖地」とは、そんな気配に満ちたところだった。

ところで、この地に参る人たちにあるのは、安らぎを感じる『「ふるさと」』へ帰って来た」思いか。それとも、『「ふるさと」』に会いに来た」思いか。そこには、浮き立つ思いで「ふるさと」にやって来た木地屋すべてが共有する「根っこ」を再確認し、寿《ことほ》ぐ思いがあったのかもしれない。「ふるさと」を訪ねる日は、祭りの日を迎えたような、木地屋にとっては久しく待ち望んだ「ハレ」の日であったろう。

たしかに、昔よりは明るい小椋谷であるが、静かで閑静なところであったことは、きっと、いまも昔もかわらない。わたしは、このところずっと、会ったことのない、昔の木地屋を思い描く日々を重ねてきた。そして、その人たちが「水上」と呼んだ地を、いつか訪れたいと思った。

木地屋の血を受け継ぐ小椋正幸のすがたをとおして、この日、「木地屋のふるさと」、木地屋の「聖地」である小椋谷を感じとろうとした。わたしは、人それぞれの「祈りのかたち」にこころとらわれる。敬虔に、真摯に己の信じるところに向かって邁進する、そのすがたを美しいと思う。小椋谷に立つ正幸の「祈りのかたち」をとおして、「木地屋のふるさと」を知る。そうでなければ、わたしにとって蛭谷君ヶ畑筒井峠は、噂に聞く旧跡でしかない。「ろくろの木地屋」の末裔の人びとに、小椋谷に連れてきてもらったからこそ、知るその「ふるさと」であった。

小椋谷での正幸の手を合わせる様子をみていると、半年前に、漆畑の山の神神社で、榮一が手を合わせるすがたと重なった。しんと静まりかえった漆畑の神社の祠の前で、榮一は脱いだ帽子を小脇に抱え、頭を垂れて高らかに拍手を打った。

この日、わたしには小椋谷で、榮一が正幸と並んで柏手を打っているすがたがみえた気がした。

支配所

「ろくろの木地屋」は、律令時代には「轆轤工」、中世には「轆轤師」として朝廷や大社寺に所属し、荘園や社寺、戦国大名の保護のもとで各地で活動した。その後、庶民がつかううつわを挽くようになり、列島各地にわたっていった。その頃に、「ろくろの木地屋」や杓子師を保護・統括する支配所が成立する。それは蛭谷の筒井公文所と君ヶ畑の高松御所である。

小椋谷に「ろくろの木地屋」の支配所がある理由はどこにあったのか。

平安時代のはじめに、文徳天皇の第一皇子である惟喬親王は、異母弟が皇位を継承したため、即位の機を逸した。そして二十九歳のときに病のため出家し、京都近郊の小野に隠棲し、五十四歳で亡くなった。皇太子となれなかった悲運の惟喬親王には多くの伝説が遺る。その突然の出家も種々の憶測を生み、虚構の噂が流布された。

その後の半生についても異説も伝わる。親王は即位の機会を失ったあと、数人の側近とともに小椋谷にやって来て、死ぬまで隠棲したというものである。側近のなかに、小椋実秀、大蔵惟仲、堀川中納言などがいた。惟喬親王はこの地でナラの木の実の殻斗《かくと》をみて木地椀をつくることを思い立ち、法華経の軸からろくろを発明し、この地の人びとにその技術を教えたとされる。この地には「筒井千軒」などの地名がいまも残るように、当時、多くの木地屋がいたが、周辺の木を伐り尽くすと、良材を求めて各地へ散っていった。

小椋谷の惟喬親王の伝承が、いつ頃から木地屋の間で語られたかわからないが、すくなくとも江戸時代には全国の多くの木地屋は惟喬親王こそが業祖であり、小椋谷を祖先のふるさとと信じて活動していた。

惟喬親王を祀《まつ》る筒井公文所と高松御所は、全国の木地屋を保護・統括し、各地の木地屋を訪ね歩き、支配所から神札や鑑札（営業許可証）を与え、希望者には天皇の綸旨や為政者による免許状の写しなどを配った。巡廻人はそのときに、木地屋にその由緒を説いて聞かせ、また、さまざまな名目で木地屋から金銭を徴収した。たとえば、氏子料（祭礼費）、戸別の初穂料、烏帽子着《えぼしぎ》（元服料）などである。綸旨は、日本国中を自由に通行できる権利を認めたものであり、そこには「西は櫓櫂《ろかい》の立つ所まで、東は駒の蹄《ひづめ》通る所まで諸国の山入り勝手たるべきものなり」の文言が書かれてある。この文言や、木地屋の文書や墓に描かれる「菊紋」は、鋳物師にもあるという。また免許状では、ろくろ師の諸役免除を認めている。

また、木地屋は特定の居住地をもたないことが多いため、居住地の村役人や檀那寺に代わり、小椋谷の社寺が「宗門手形」や「往来手形」を発行し、木地屋の身元を保証した。

木地屋の「往来手形」には、つぎのことが書かれている（「木曾地方の木地師制度」）。

左記は、一八一二（文久九）年の往来手形の内容である。

①日本国中木地師支配所々属の者で、印鑑を渡しておくものであること。
②諸国の山々に住居をし、
③山木が尽きたならば折々に住所替えして諸国に散在すること。
④往来のせつは妻子眷属をのこらず相連れ罷越す。
⑤その節は所々の関所を滞なく通して被下るよう、その為手形を発行する次第である。

ここからも、木地屋の信じる惟喬親王の遺訓を真摯に守り暮らす木地屋のすがたがみえてくる。

＊

数百年のあいだ、人里離れた深山に住み、厳しい自然の脅威と野獣の危険にさらされる困難な暮らしのなかで、木地屋のこころを支えたものは、自分たちの「ふるさと」は近江国東小椋村、祖神は惟喬親王であり、みずからはその随臣である小椋実秀や堀川中納言、大蔵惟仲などの末裔であるとの強烈な信仰であった。江戸時代には、木地屋は農工商の上にあるとの誇りをもち、一般の村人とは通婚をしなかった。今日でも木地屋の末裔の人たちのなかには、免許状や印鑑、往来手形、縁起書の写しなどの、木地屋文書を家宝とし、「菊の紋」や「五七の桐紋」のある文箱に納めてたいせつに保存している人がいる。わたしは、漆畑で二軒、木曾福島で一軒の木地屋の家で、そのたいせつな家宝をみせてもらった。漆畑の「かねきん」の小椋敏子は、家の奥から大切に古布に包まれた宝物を出してきて、「菊紋」と「五七の桐紋」の両方のある木箱から巻物を出してみせてくれた。「やまいち」の小椋一男は、誇らしげに巻物を広げてくれた。

それらは、木地屋が歩きつづけながら、片ときも離さず、たずさえてきた家宝である。たいせつな文書が手許にあったからこそ、木地屋やその家族眷属の生活は守られ、ろくろを挽き、生きてこられた。木地屋がたいせつに伝える家宝は、その人たちのこころ、命である。

隣人として

山の人

「ろくろの木地屋」は、かつて、列島の脊梁山脈に連なる山々の、七合目より高いところで暮らしを立て、おなじ生業の者と結婚した。木地屋は尾根道を飛ぶように歩いたから、ずいぶん遠いところにある集落のあいだでも行き来があり、国を越えて縁組が結ばれることもあった。ひとところに多くの木地屋がいては材がすぐに尽きてしまうから、数戸ずつ集落を成した。畑をもたない「ろくろの木地屋」は、山でつくったうつわを里の元締めに卸し、かわりに米や味噌などの食料を買った。「山の人」である「ろくろの木地屋」は、里の限られた人と交易をしたが、山の麓のひとところで農業を営む人びととは、生きる空間を異にしていた。

*

山の麓で暮らす人びとは、ほとんど行き来のない「山の人」をどのようにみていたのか。明治時代に、木地屋が山を歩くすがたをみた里の人の声が遺る。

飯田市鼎町に在住する関島虎吉という九十三歳の老人は私にこんなことを語った。松尾の八幡原の間道を一列の山人たちが歩いて行くのをみかけて、追いかけていった。老人の十歳頃の思い出話である。行列の最初はひげだらけの男、二人目は背骨の曲った老人、続く女は鍋をさげて、子供が数人……。彼等はもくもくと歩いているだけである。異様風体の行列のことを家人に告げると、それはポンだ、と教えられた。ポン、とは通称さんかをいう。

　さんかは飯田の町におりて、いかけや（松本註：鍋、釜など銅・鉄器の漏れを止めるため「しろめ」などを溶かし込んで穴をふさぐ鋳掛《いかけ》を業とする人〔広辞苑〕）の辻店をひらいたり、かごを売り、米味噌をあがなって、山へもどる。

　関島老人は成人にたっして、八幡原の行列のことを回想してみるが、あれはポンじゃなかった、木地屋、だったのだと思いついた。というのは、もういちどこれと似た隊列にであったからである。そのときは、隊列の男と話しあえた。彼は木地屋で、移住するのだ、と語った。山の細道を行く習性で、一列縦隊で、しかも、同じ間隔で歩く。一列に歩くのは木地屋だと知った。

（『谷の思想』武田太郎、角川書店、一九七八年）

本のあとがきに書かれた年から逆算すると、関島老人が初めて木地屋らしい人びとをみたのは、一八九三（明治二十六）年頃のことである。つぎに老人が木地屋の隊列を歩く人とことばを交わしたのは、明治時代の終わり頃ということになる。そのときには、すでに木地屋は山々を自由を移り住むことのできる時代ではなくなっていたが、いまだどういうかたちでか、良材を入手できるところを求めていた木地屋もあった。ちなみに、南木曾南沢の木地屋がその地に住みついたのは、一八九六（明治二十九）年のこととされている。

関島少年の家族は、木地屋もサンカも、おなじ「異様風体の流れ歩く人」として認識していることが、その証言からわかる。当時、里の人がイメージする、山を歩く木地屋のすがたは、関島老人の記憶に残る「異様風体の行列」と大同小異ではなかったか。

関島老人のはなしに出てくる「サンカ」は、「ろくろの木地屋」とおなじく、いままで時代や人によって異なる書かれ方をしてきた。「ろくろの木地屋」と「サンカ」は、「一所不住」で特定の生業で暮らしてきたという意味ではおなじように括られるが、「サンカ」は「ろくろの木地屋」と違い、「山野や河川で野宿をしながら、川魚漁と竹細工などの自然採集を主とした独特の生業で生活してきた人たち」である（『幻の漂泊民・サンカ』沖浦和光、文藝春秋、二〇〇一年）。

＊

山を歩いていた「ろくろの木地屋」は、みずからの暮らしをどのように感じていたのか。

祖父が伊那から漆畑に移り住んだ、小椋榮一にそのはなしを聞いた。

榮一に、「よそからやって来て南木曾に定着した、山を歩いていた木地屋について、なにか聞いていないか」と尋ねたときのことだ。榮一はうつむき、祖先の山を歩くすがたを「鍋、釜、ムシロだけをもってな、乞食みたいなすがただったらしいな」とだけぽつりといった。榮一が、祖先のすがたとして語ってくれたものは、あとにもさきにもこれだけであった。わたしは榮一に、ほかにも多くの「木地屋の昔」を尋ねてみたが、榮一は遠くをみつめるようにして昔の記憶の底をさらってみてくれたけれど、「わからない」といった。その記憶が鮮明なのは、みずからが実際に見聞きした事柄であった。父から聞いたことは、細かいところまで覚えていた。祖父榮太郎は、榮一が誕生する三年前に他界していたから、祖父の世代のはなしを聞いていても、榮一が「わからない」と答えるのは当然のことであった。

榮一が、山を歩いた木地屋のすがたを、「乞食のような」といったのは、かつて里の人が木地屋をみたすがたを、だれかが伝え聞き、それをさらに榮一に伝えたものではなかったか。山を歩いた木地屋は、惟喬親王を業祖に戴き、墓に「菊の紋」を刻む、誇り高い人びとである。そうだとすれば、祖先のすがたを「乞食のよう」と孫子に伝えるはずはなかったのではないかとわたしは想像する。

「山の細道を行く習性で、一列縦隊で、しかも、同じ間隔で歩く。一列に歩くのは、木地屋だと知った」と関島老人がいったことを、正幸とはなす。「尾根道を歩くとき、木地屋ばかりではなく、だれもが一列縦隊で、おなじ間隔をあけて歩きますよねぇ」、「そうですねぇ」。山道を歩くとはそういうことで、木地屋が特別ということではない。

当時、「山の人」の移動するすがたをみた里の人には、サンカも木地屋も、ともにみずからとは違う「異様風体」の人びとであったに違いない。たとえ、それが山に生きる人たちにとっては、至便で合理的なすがたをしていたとしても。視点を代えて「山の人」の立場に立てば、逆に里の人のすがたは「異様風体」であったかもしれないのだ。どちらがふつうで、どちらが異様であるかは、その人の拠って立つところによって異なる。

＊

関島老人の語る、「木地屋の隊列を組むすがた」を想像の翼に乗せて動かしてみる。

列の先頭でこの集団を率いる、リーダーの「ひげだらけの男」は、山の中に生まれ、幼いときから木とともに生きる父母のすがたをみて育った。移り住む前に、遠い山に暮らすおなじ生業の仲間から情報を集め、ある日、家族眷属を率いて歩いて来たものだろう。男の後ろを歩く「背骨の曲がった老人」は、先代のリーダーであるのかもしれない。親からしごとを継ぎ、かつては集団を率いた、皆にたいせつにされる集団の長老であろうか。いまは年老い、リーダーのすぐ後ろを歩く。「つづく女は鍋をさげて、子供が数人」。鍋や釜を下げた女はリーダーの妻か。夫と自分の間に、からだの弱った年長の男をはさみ、かばいながら歩く。子どもたちは母さんのそばをゆく。

隊列を組む皆が、良材に恵まれた新たなところで、これからしごとをしていくんだという希望と、親しんだところを去り、新天地で暮らす不安を抱えながら歩いていたのかもしれない。木地屋は、目的の場所に着くと、「小屋掛け」といって、簡易な家をつくり、沢から家に水を引くところから、新たな暮らしをはじめ、木を伐り、ろくろのしごとに励んだ。

定着

日本の原風景のような陰影に富んだ南木曾の山々を背景に、周囲の反対を押し切って、木地屋の胸に飛び込んだ、地元の娘のうえに過ぎた時の流れを想う。

明治の声を聞くと、それまでのように免許状をもっていれば山に入れた時代ではなくなり、木地屋は山を移り住むことに終止符を打たざるを得なくなった。一群の「ろくろの木地屋」は、伊那からやって来て、南木曾の山に定着をはかり、その地に根をおろし、暮らしはじめた。そして、百四十年の時の流れとともに、南木曾の大地にしっかと根を張り、仲間とともに懸命に生きた。

木地屋と地元の娘は大恋愛の末、一九六五（昭和四十）年に結ばれた。それは、この地では初めての、木地屋と地元の娘との結婚であった。木地屋が南木曾に定着してから、すでに九十二年の月日が過ぎていた。いまから四十五年前のことである。

娘の実家と木地屋の家は、ほんの目と鼻の先にあったが、ふたりの結婚への道のりは遠かった。夫となる人の人格や腕とは別のところにわけがあった。

「ろくろの木地屋」が木について歩くのは、木地屋とその家族眷属が生きるためであり、暮らしそのものであった。しかしひとところに暮らす人が、かつて「山の人」であった木地屋の暮らしに抱く想いと、住まいを変えて生きることが日常であった人の想いに隔たりがあった。

木地屋が初めてこの地に定着してから、一世紀近くの月日が経っていたが、山を歩いた木地屋はなかなか「旅の人」ではなくならなかった。それは、木地屋が単に『旅』からやって来た人」ではなく、『『旅』を旅する人」であったからだ。木地屋は「旅」＝「よそ」でも、一点に居を構えるのではなく、歩きつづけた人たちであった。

周囲を説得したふたりは結婚し、三人の子どもにも恵まれた。夫と舅はろくろで木地を挽き、嫁も塗装を手伝った。ともに木地屋の稼業に励み、店を出して車の両輪のように懸命に働きつづけた。

二人が結婚した当時は不況で、つくったうつわが売れず、若い仲間はつぎつぎと漆畑部落を離れて都会に出ていったが、一家は漆畑に残り、苦しかったこの時期を漆畑部落で耐え抜く。

結婚して十年ほどすると「木曾路ブーム」が起こり、こんどは「つくれば売れる」時期を迎える。嫁はあまりの忙しさに、ろくろの大鋸屑の中に子どもを転がしておいては、しごとに励んだという。

この頃になると、南木曾に定着してから四世代目になる子どもたちは、木地屋の子だからといって、周囲から蔑まれるようなことをいわれることはなかった。漆畑で四世代目になる小椋一男は、「漆畑には子どもがたくさんいて楽しかったぁ。こっちにも悪童連がいたしさ！」といってワハハと大きな声で笑い飛ばした。そんなはなしをする一男はガキ大将の顔をしていた。

長い時の流れが、里の人と山の人のあいだにあった齟齬《そご》を流し去り、また、一九七五（昭和五十）年前後の「木曾路ブーム」を境に、皆が貧しさからの脱却がはかれたことも大きかった。南木曾の大地に昔から住む人と、新たにやって来た人は、年月をともに分かち合い、ちからの限り生きてきた。南木曾の人の懸命な生き方は、表立って語られることはなくとも、観光のためこの地に立つ人のこころも惹きつけてやまない。

険しかった山や谷を越え、いまを迎えれば、過ぎたことに拘泥する人はだれもいない。

＊

かつて、山に暮らした「ろくろの木地屋」は、里の人とことばや風俗習慣などが違った。「ろくろの木地屋」の結婚は、昔は、おなじ生業の木地屋の家どうしでなされ、里の人と縁組することはなかった。それは、ふたつの理由による。ひとつは、木地屋の人びとが、業祖と崇める惟喬親王の高貴な「菊の紋」につながると信じる一族の高貴な血統を保ちたかったこと。ふたつ目は、木地屋の嫁となる人は、一家の働き手として、幼い頃から材をろくろで挽く前の中切りや、ろくろの綱を引くなどの木地屋の嫁としての技術を、鍛錬している必要があったからである。ちなみに、中切りの作業は、腰を下ろし、両足の裏で材を挟み、両手にもった内切りヨキを振り下ろして、材を刳《く》る。ヨキを振り下ろすところがすこしそれたら、足をザックリ切って大ケガをしてしまう。それまで経験のない者には、すぐに覚えられる技ではなかった。

山から山へ、尾根道づたいの最短距離で、まるで飛ぶように移動をした人びとは、いま考えるより、濃く密に遠く離れた木地屋どうしで情報の交換をしていた。また、数年にいちど、「ふるさと」近江から列島各地の木地屋を訪ね歩いた木地屋総元締めの巡廻人は、つぎつぎに木地屋集落を訪問しながら、さらに多くの情報を遠く離れた木地屋集落のあいだにもたらした。同族の間で結婚した人びとの縁組が、国境《くにざかい》を越えかなり距離のあるところでもなされているのはそのためである。

距離を隔てていても、おなじ生業の木地屋どうしは横のつながりをもち、また、代々、独自の文化を孫子に伝えて山に生きた。里の人は、「山の人」のつくるうつわを日常の暮らしのなかでつかい、うつわをつくる人たちが山にいることは知ってはいても、山の高いところに暮らす木地屋を「自分たちとは違う人」として畏怖した。そして、木地屋と里の人は限られてはいたが交易もあり、まったく交流がなかったわけではないが、互いに縁組をすることはなく、ことばや風俗習慣などが異なっていたため、昔から里の人が「山の人」に感じていた「畏怖の念」が、あるとき「負の思い」に変わった。

木地屋道

かつて、山には多くの道があり、異なる生業の多くの人びとが山を歩いた。木地屋は、山の尾根から尾根をいく。それは、里の人の想像のつかないほど、短時間で、人に知られずに移動することのできる道であった。

修験道者には全国的な山伏ルートともいうべき特殊な間道があったように、木地師にも木地屋道と呼ばれている近接の作業道路が存していた。それは巧みに勾配が按配された樹陰の下をゆく山道で、少なくとも隠れ逃亡のルートとしては最高のものである。

木地師にとっては、その道路は普通の山道であり、木地師村落同士の交通路であるが、普通の山村人には全くわからない無縁の道路であるといえる。

そして落人とか世を忍ぶ人々が追討を遁れんとする場合には、全くの秘密の道路であり、その道さえ遁れてゆけば絶対に追捕を受ける危険のない隠密路である。

（『木地師と木形子』）

戦国時代には、武将たちが木地屋の道を利用したという。歴史の表舞台で活躍する武将たちは、木地屋が信仰に篤く律儀な人たちであることを知っていたのだろう。

木地師群に一度一身を托したならば、普通人たちの想像もつかないほどのスピードで、危険の及ばない遠国へ移してしまうことができるからである。一般の人々にはおもいも及ばない入山困難な嶮峻な断崖絶壁も瀑布の連続も、千滝万谷を越えて、たちまちのうちに身柄を搬び去ってしまうのだ。

その中間には同族の村落が連鎖されているから、衣服・食糧・宿泊にはこと欠かないし、勿論生命の安全は十二分に保証されていることはいうまでもない。木地師の人々は、みずからを宮廷の直臣と心得ているから、戦国大名たちに対しても、それほど怖れてはいないし、陪臣の程度にしか思っていない。

信仰に厚く律儀な精神の持ち主だから、身分を明かして頼み込めば徹底した援助の手をのべ自らの稼業網の範囲内においてかくまい続ける。

（『木地師と木形子』）

遺された墓

列島各地の山の奥でみつかる墓石があり、だれにも顧みられないその墓の情景は、昔もいまも、憐憫の情とともに語られる。「だれもおとなう人のない憐れな無縁仏に『菊の紋』をみつけた」と。「菊の紋」を刻んだ墓は「ろくろの木地屋」の墓である。

山に残されたかつての「ろくろの木地屋」の墓への「憐憫」は、ひとところに暮らす人の視点からいわれることだ。ともすれば、「憐れみ」は、憐れまれた人のこころをないがしろにする。自分たちの物差しで「憐み」をかけることは、その人びととおなじところに立つことを、はじめからあきらめることである。

一所不住の「ろくろの木地屋」は、山犬に墓を荒らされないように手を尽くしたのち、「明日」を生きるために、墓をあとにしなくてはならなかった。しかし、新しく住み着いたところでは、近くにある寺に詣で、多額の寄進をして、先祖やこの世を去った者たちを弔った。

木地師は礼儀が正しく廉直であったから、神仏いずれを問わず信仰に対する帰依が深かった。初期の生成過程に転地・移住を重ねることが激しかったので、心中つねに先祖の墓碑の手入清掃供養を十分に果たすことができないのを苦悩していた。

それで山から下って町や村で同宗の寺院を見付けると、供養怠惰な訳を話して丁重な供養を行なった。法要が終わってから、住職は布施の金高を見て、あまりの多額なのに驚き一部を返金さえすることが多かった。山間の町の寺院の記録文書や過去帳に克明にその次第を書かれている所が多く、寺院関係では木地師に限ってはたとえ服装が立派でなくても、粗略に取り扱ってはならぬとされている。

（『木地師と木形子』）

漆畑の菩提寺である妻籠宿の光徳寺の住職夫人は、父である前住職から、「木地屋さんはたいせつにしなくてはいけない」といわれていたという。光徳寺では、木地屋だけの過去帳もつくられており、そこに記された木地屋の戒名は、すべて「居士」、「大姉」である。

木地屋を「山に生まれ、山に死んだ。それだけの淋しい人生だった」という人があるが、はたしてそうだったろうか。ひとところに暮らすことなく、己の信じるところに従い、転々と山を移り住む暮らしは淋しいものだったか。木を求めて山を移り住んだ人びとを、ひとところに住まわなかったということで、「流浪の民」や「流民」などというとき、それは知らない土地をあてどなくさまよう淋しげな「山の人」を連想させる。

そして、木について歩いた「山の人」をこころに描き、想像の翼をひろげるときに、人びとは山を歩いた人の立場に立ち損ねることはなかったか。杉本壽はつぎのように書いている。

（木地屋は）自ら好んで漂移の生活をしていたかのようにいう研究者もいるが、それは実際とは違う。次々と樹林資材の場所を追い求めていく様態が、漂移生活のように見られただけのことであって、目的なしではなく明らかに資材入手のための行動であり方便である。（『木地師と木形子』）

大正時代の終わりに、折口信夫の発表した「木地屋の家」の連作がある（『海やまのあひだ』改造社、一九二五年）。その自歌自註に、「心に浮かべての寫生」は「なまじひの寫生よりは、もつと眞實性があるわけである」として詠まれた「木地屋の家」十五首である。その歌に惹かれて、木地屋に多くの関心がもたれた。

山々をわたりて、人は老いにけり。山のさびしさを　われに聞かせつ
澤蟹をもてあそぶ子に、錢くれて、赤きたなそこを　我は見にけり
木ぼつこの目鼻を見れば、けうとさよ。すべなき時に、わが笑ひたり

「木地屋の家」は、その「自歌自註」にあるように、「同じ近い山の中に住んでも、それほど附き合ひのない古風な民だつた」、「とゞのつまりの淋しい生活」として詠まれた歌であったが、もしも、現実と歌人の心象風景の間に乖離があったとしたらどうだろう。世間には、「木地屋」の実際のすがたが知られぬままに、木地屋のイメージが独り歩きし、里の人のこころに「幻の木地屋像」がつくられなかったか。

白州正子は、日ごろ、朽木《くつき》盆や朽木椀をつかい、また、小椋谷には古い能面が残っていることや、惟喬親王の伝説があったことから、木地屋への興味があった。その思いに拍車をかけたのが、「木地屋の家」の歌であったとして、白州は小椋谷を訪ねる。歌人の心象風景のなかの淋しい木地屋像は、里の人のこころに、木地屋に対するロマンを喚起せずにはおかなかった。

折口の「自歌自註」には、「それ以前にも、此後にも、木地屋部落には相當に通つてゐるので、歌

の構造は鈴个澤の地形を基礎にしてゐるが、中に出てくる木地屋の生活は、日本中部地方のその部落々々をこころに浮かべての寫生である。だからなまじひの寫生よりは、もつと眞實性があるわけである。唯私の、時として起る卽興が、忠實な寫生の態度をくもらしてゐるかも知れない」とある。

歌は詠み手の心象風景である。そうして詠まれた歌を読む人びとは、歌を基礎にイメージをふくらませ、「ろくろの木地屋」のイメージを追う。


折口がその地を訪れながら木地屋に会わずに帰った、連作の舞台となった長野県下伊那郡鈴ヶ沢には、当時、木地屋小椋今太郎一家が住んでいた。もし、歌人がそこに住む木地屋に実際に会ってはなしを聞いていたなら……。小椋今太郎はおなじ生業の木地屋や、里の元締めとの交易があり、折口が「子に銭くれて」、「山の中の子供だから、銭など与えへても爲方がない。親も与えないだろうし、子も知らないであらう」とした子の家の収入は、農家が一年かかって得る収入を三カ月で得ていた、と小椋今太郎は松山義雄の聞き書きに答えている(『深山秘録』)。ちなみに、今太郎の息子の豊三《とよみ》は、しばらく漆畑の小椋榮一のもとで働いていた。

松山義雄は、折口信夫の見方に対して、つぎのように書いている。

木地師は強い同族意識のもち主であったから、木地師仲間の交際は折口の言うほど、閉鎖的なものではなかった。今太郎さん自身も、四里(十六キロ)や五里くらいの距離は意に介さず、友好を求めて木地師の間を遊び歩いたものだという。木地師は木地に挽く原木が無くなれば、移動を余儀なくされる職業であったから、つねに山に関する情報をつかんでおく必要があった。その情報源は、木地師どうしの談話のなかにころがっていることが多かったから、木地師間のつきあいは消極的なものではなかった筈である。

木地屋は、生業の違う者とは、交易のほかはつきあいはさほどなかったかもしれないが、おなじ生業のものとは国境《くにざかい》を越えて深いつきあいがあった。また、近江の根元社からやって来る巡廻人は、さらに遠く離れて暮らす木地屋どうしの情報を濃いものにしたのである。

「ろくろの木地屋」が、山に孤立する淋しい暮らしをしていたと思いたかったのは、都会に住む人のこころであったのかもしれない。

なお、横木を挽く信州の木地屋は、縦木を挽いてつくる「木ぼつこ」＝「こけし」をつくらない。こけしは、東北の木地屋のしごととして有名である。

わが国の中世には、「ろくろの木地屋」に限らず、一所不住の職人や芸能にたずさわる人びとがいた。海も山も、だれのものでもない時代があり、そこに自由に生きる人びとがいた。自然災害に遭えば、ひとたまりもなかったが、だからといって、いつもその暮らしが哀しみとともにあったわけではなかろう。木地屋は、山にあって、芸能をたしなんだといわれる人たちでもある。そして、そもそも

「ろくろの木地屋」は、「ふるさと」を追われて小椋谷をあとにしたわけではない。

御礼杉

ひろく、また、時代を越えて木地屋のすがたを追えば、木地屋が一途に生き、みずからは意識しないことであったが、懸命に山に生き、代々、つづく生業に励んだことが、ひいては、過去や現在、木地屋とは縁がないような思いで生きる人たちにも遺されていることがあるのを知る。「ろくろの木地屋」は、かつて、山の中でうつわをつくることで山村の地域経済に貢献したばかりではない。

江戸時代になると、木地屋は木を伐ったところに、感謝の意をこめてスギやヒノキなどを植樹造林したといわれている。このことを「御礼杉」といった。今日なお数多く遺されている美林のなかには、「御礼杉」のような森林が少なくないという。

わが国の三大美林といわれている、陸奥のヒバ天然林・羽後（秋田）のスギ天然林・木曽のヒノキ天然林や、大和の吉野・因幡の智頭《ちづ》・伯耆の根雨《ねう》・土佐の魚梁瀬などの優秀な天然美林が、木地師たちの有意もしくは無意識のなかに遂行してきた除伐撫育作業によって形成されたことは注目すべきである。

全国の木地師達が数百年間にわたり、針葉樹の成長生育を阻害する広葉樹を木地資材として大量に伐採して来たことが、結果的には針葉樹林の除伐作業となり、今日みられるような、ヒバ・ヒノキ・スギなどの、世界にほこる森林を造成させたものであって、木地師群のそうした除伐作業なしでは、現在のこれらの美林は生成し得なかったことになる。

ところが従来こういう事実に対する充分の認識が欠けていたため、造林業の分野においても考慮しなかったので、近代科学においては陸奥のヒバや秋田のスギ・木曽のヒノキ・吉野のスギなどに対し、なぜこのような考え及ぶことのできない見事な森林が自然に造成されたのであろうと疑問に思われていた。

これらは全国の木地師達が彼ら自身何ら意識することなく天然林樹木の保護・撫育を実行して来たためで、木地師達の御礼杉のように蔭の精進がさらにこれに貢献を重ねていることを知らねばならない。（中略）

だが、木地師達は彼らみずからがはたして来た役割を認識すること少なく、山間の僻地に埋もれて黙々と天業を継続してきた。

（『木地師と木形子』）

木地屋の倅

南木曾南沢の木地屋の息子である大蔵貢《みつぎ》は、その一代記『わが芸と金と恋』（東京書房、一九五九年）

を遺す。

一八九九（明治三十二）年、南木曾南沢の木地屋大蔵忠次郎のもとに生まれた大蔵貢は、五歳のときに南沢から清内路に引っ越す。父がケンカと賭けごとに明け暮れたために立ち行かなくなり、十一歳のときには家族で上京。極貧のなかで、貢は活動写真の弁士となり、多くの家族を養いながら苦労を重ねた末、新東宝社長、大蔵映画社長まで上り詰める。一九七七（昭和五十二）年没。

いまから百年より昔、山を歩いた「ろくろの木地屋」だった父大蔵忠次郎は、南木曾南沢に移り住む。その父のもとに生まれた木地屋の倅《せがれ》大蔵貢がみたものが、著書にはありのままに書かれている。

漆畑の南西、直線距離で三キロほどのところに南沢がある。南沢には、一八九六（明治二十九）年に「ろくろの木地屋」の集落ができた。

清内路や漆畑で、わたしは「大蔵貢」の名を聞いた。清内路にはその名を冠した公園がある。大蔵貢が旧・清内路村に贈ったものだ。また、ふるさと村自然園には、住民が建立したその胸像がある。ちなみに、いまも歌い継がれる、一九六八年に制定された現・阿智村（旧・清内路村）村立「清内路小学校校歌」は、大蔵貢とその十八歳年下の実弟、歌手の近江俊郎（本名大蔵敏彦）が作詞作曲したものである。東京生まれの弟の芸名は、木地屋の出身が滋賀県であることとは無縁ではないだろう。

『わが芸と金と恋』には、つぎのようにある。

（松本註：大蔵貢が生まれたのは）長野県西筑摩郡吾妻村という山奥の村で、その村でも最も奥まった南沢という谷あいの部落だった。私の父は忠次郎といい、人も通らない深山で、栃の木を切り、これで、お椀やお盆を作る、木地師と呼ばれる職業であった。栃というのは非常に木目ヶ美しく、クルミに似たにがい実がなる木だが、あまり多くは生えていない。

父が三、四年かかって一つの山の栃の木を切りつくすと、私の一家は、また新しい山へ移住するのである。私が五つのとき、一家は、峠を一つ越した天竜川上流の下伊那郡清内路村という小さな村に移った。（中略）

やがて、栃の木を切るのに便利なために、一家は更に一里ほど山奥へ移住した。

住む家といえば、父と母が二人がかりで、土手をバックに、三方を杉や檜の皮で囲い、屋根をつけて石をのせただけというひどいもの。夏は裏の土手から雨が流れ込み、小さな穴からは蛇が頭を出す。冬は枕もとに雪が舞い込む。板張りの床にムシロ敷の座敷、掘ゴタツをかこんで、一家八人は体をくっつけ合って寝たものだ。

長野県清内路村へ栃の木を求めて、移住していった一家は、いわゆるよそものとよばれる他国者だった。

（松本註：清内路村へ）栃の木を求めて、移住していった私たち一家は、いわゆるよそものとよばれる他国者だった。「大蔵」などというのは、程度の低い、人種のちがったものに見られ、とても人間なみには扱われなかったものである。

小学生だった私や姉は、学校友だちから大へんにケイベツされた。

「お前なんか、村道を通っちゃいかん。下道を通れ」と悪童連はいう。下道というのは駄馬の通る石ころのデコボコ道だ。仕方なく私は下道を歩いていくと「下道を通るのは乞食の子」と今度は上の道から石を投げつけられるのであった。このように私の一家は、あたかも山窩や特殊部落民の如くに見られ扱われてきた。私は「土百姓め何をいうか。こちらは立派に苗字帯刀を許された士分の家柄だ。それが証拠には、家の定紋は五七の桐だぞ」というプライドを持っていた。しかし、現実はまことに淋しいものであった。

その後、一家は大蔵貢が小学校五年のときに、一家八人、両親と子ども六人で上京した。大蔵貢は、東京に来たものの、小学校にもロクに通えず、赤貧の家計を商店の小僧や職工の下働きで助け、十三歳で映画界に入り、活動弁士になった。

多くの苦労を重ねた末、成功をつかんだ大蔵貢のその後である。

映画界で弁士として身を立て、映画会社を経営する資本家になった私は、両親を連れて久し振りに郷土を訪れたことがある。

村はたいへんなさわぎである。映画をみたこともない人の多い寒村で、東京封切が済んだばかりの映画を無料公開し、手拭、扇子、菓子袋のおみやげまで与え、私は得意満面、壇上から挨拶した。

（中略）

現在私はこの小学校時代の友人の子弟十数人を東京へ呼び、私の会社の事務員として面倒を見ている。

「幼い頃いじめられ、辱められて味わった、あの淋しい、孤独の精神が、今日の私を鍛え育ててくれたのだ」と私は常に感謝している。そしてかっての負けいくさは、後には（中略）神が、私になりかわって復讐してくれることになっている。

一九五八年度の実業界の高額所得者ベストテンのトップは大蔵貢であった。

木地屋の子として生まれ、苦労もした大蔵貢は、しかし、自身が成功すると、郷里にできるだけのことをした。負けいくさを勝ちいくさにすることを念じて生きたが、大蔵貢は過去の恨みつらみをいうことはなかった。そして、いまも郷里の人は大蔵貢に感謝し、その没後も思いはかわらない。清内路ではだれも少年時代の大蔵貢を知らない。貢にしてみたら、きっとそれはなによりのことなのだ。それでいいのだ。

見上げれば、空

二〇〇九年夏。木曾福島の祭の夜に、営林署OBで木曾町在住の寺島征雄は、前著『崖っぷちの木地屋』を読んだといって、木曾福島でわたしの暮らした「木地の館」を訪ねてくれた。寺島は木曾の木を深く愛する人である。その後、木曾の木についての新聞の切抜きやたくさんの資料をもってきてくれた。そのなかの一冊に『ひのきの里』があった。それは、一九七〇年代の木曾の隅々を数人の新聞記者が歩き書かれてあった。漆畑部落についても記載がある。なかに「ろくろの木地屋」が「キジクソ、キジクソ」といってバカにされたとあり、胸が痛んだ。それまで、わたしはそのことばを耳にしたことがなかった。しかし、それは実際のはなしだった。子どもの頃のこととしてそうはやしたてられたはなしをしてくれたかつて少年だった人の、悲しげな顔が忘れられない。「木地屋のふるさと」蛭谷にいったときに、「子どもの頃に『雉《きじ》の子、雉の子』とからかわれた」と聞いた。誇り高く生きてきた木地屋だもの、どんなにか悔しかったか。

「ろくろの木地屋」には、また、まったく根拠のない噂がついてまわった。

惟喬親王の突然の出家を、当時は人に怖れられ、不治の病とされた「ある疾」のためとし、そのひとを業祖と戴く人たちをも貶めたものである。このようななんら根拠のない噂は、かつて、木地屋だけではなく、一所不住の人びとに向けていわれることがあった。柳田國男は「誤伝はもちろんのこととして、何人がいかなるこころ持ちから、これを信じ始めるようになったかが、意味深き問題である」としている（『史料としての伝説』）。柳田國男は伯耆で聞いたはなしとして書いているが、列島のほかのいくつかの地域でも採録される（『木地屋のふるさと』橘文策、未來社、一九六三年、『木地師の習俗2』）。そのことについて、松山義雄は『深山秘録』で「許しがたい謬見《びゅうけん》であり、偏見と言わざるをえない」。「疾病についての謬見が、社会的差別を作る原因となる」。松山がそう著書のなかで力説したにもかかわらず、噂はその後も残る。そして、いわれのない噂のために、多くの人が苦しんだ。いつだって流言蜚語《りゅうげんひご》は、そこには実際はなにもないのに、人と人の間を哀しく分かつ。

＊

「木地屋の女には美人が多い」とは、多くの文献に書き遺されていることである。これも一地域の噂ではなく、列島の各地でいわれたことである。理由として、木地屋は高貴の出であり、そのうえ霧の多い山中の小屋に住んで作業しているから陽に焼けず、また、里の疱瘡《ほうそう》にかかることがないからだとされる（『木地師の習俗2』）。

「ろくろの木地屋」について、まったく根拠のない「負の噂」が流されるとおなじとき、木地屋の女についてはいわば「正の噂」がいわれた。「それとこれでは天地雲泥の相違である」と『木地師の習俗2』にあるが、まさしくそのとおりである。

里の人が、山に生きる木地屋やその一族に出会うことは稀だったから、里の人は妄想をたくましくもしたものだろう。

かつての漆畑部落には、たしかに美しい女の人がいたようだ。しかし、ほかの地域の、ほかの生業に就く人たちのなかにもいたのだろうが、だれもあえてこれほど多くは書き遺さない。だれかが木地屋について酷い噂をしながらまた一方では、「木地屋の女は美しい」というとき、そこにはなかなかあやういものがある。いろいろな「負の噂」と背中合わせ、表裏一体のあやうさだ。

木地屋の女に関する文献につぎのような箇所がある。

昭和十七年八月一日、漆畑から大山への道で会った小学生の数名は、まことに「鄙（松本：ひな）にはめずらしい」ということばがあてはまるような面だちの清純なこどもたちであった。蘭小学校の先生曰く「木地屋さんのところは美人が多い。どの組にも一人ぐらいは実にいい子がいる。西洋人のような顔もある。色は白く顔だちもいいし、身なりもきれいだ。木地屋の子供はまったくキヂがいい……。以前に何でも南沢の木地屋の娘を貰っていった学校の先生があるそうだ」。

（『続信濃民俗記』向山雅重、一九九〇年）

これは、木地屋の人たちへの誉めことばなのだろう。しかし、「鄙にあってはめずらしい」には、「そうであるはずがない」の前提が隠されていないか。また、「木地屋の子どもはキヂがいい」は、都会であれ山の中であれ、親の職業や顔立ちがどうあれ、子どもは皆、「明日」を伸びゆく地域の子である。子どもの内面に触れた感想が遺されたらよかったのにと思うのだった。

「木地屋の女は美しい」とする理由は、「山の奥には疱瘡がなく、木地屋の女は色白」のほかに、「腰が太い」と書かれているものも多い。もし、ひとりの人間として、木地屋の女に相対していれば、色が白いとか腰が太いとばかりは、いくらなんでも書けなかっただろう。そこにあるのは、見世物小屋をのぞくような里の人の視線ではなかったか。

一九六一年に書かれた、中村たかを・桑野孚美「木地屋管見」（『季刊民族學研究25』一九六一年）に、木地屋部落の隣の部落の人に聞いたはなしとして、つぎのように書かれている。

隣の部落の人にきくと「木地屋とは恋愛もせん。ほかのつきあいはする。ここの衆にいわせると、あの衆は病気の血統だという。向こうでは自分達は公家だという。あそこは割合に頭もいいし、字もうまい。美人もいる。声もいい。言葉も違っている」という。（中略）こうした軽蔑と尊敬の感情はここだけではない。

そもそも病についての差別と偏見、そして、根も葉もない噂に翻弄された人びとのあまりに多くあった歴史を想う。どうしてこのようなことが起こったかを知ることは、今後二度とおなじようなことが起こらないためにたいせつなことである。それにしても、このような噂が飛び交った五十年前にそこに生身の人間が暮らしていたのだから、待ったなしでだれかその人びとの立場に立つことが、当時、できなかったものか。

*

いまの時代、過去は忘れ、こころ豊かに暮らす人びとがいる。いまさら過ぎ去った哀しいときを顧みることはないのかもしれない。

昨年（二〇一〇年）、わたしは長野県立歴史館に、このことについて深く知りたくて、山を歩いた「ろくろの木地屋」について問い合わせたときのことだ。担当者は「『ろくろの木地屋』ってなんですか？　それはサンカのことですか？」といった。

氏子駈帳・氏子狩帳から、かつて長野県内には、数千人もの木地屋がいたことがわかる。その家族を加えたら、万を超える人たちが県内にいたのだが、いまでは忘れられている。昨日あったよいことも哀しいことも、なかったことにしたり、忘れてしまうのではなく、よりよい「明日」につなげるために、人びとのこころの襞に残る記憶を留めたい。

里の人が、異空間に生きる「山の人」に抱いた「畏怖の念」から転じた「負の思い」は、ほかのなにかに仮託され、根拠のない風評となって流れた。それは、そもそも「負の思い」を仮託された人や病への無知や無理解から生まれた。だれかが「自分たちとは違う人」とだれかを見下げれば、苦しみの種を蒔く。こころしていかねば、人はだれもがおなじ過ちを重ね、そのたびに哀しむ人をつくる。わたしもおなじことと自戒する。そして、いつの日か、「見上げれば、だれの上にもおなじ空」と思えるようになれば、流言蜚語など立ち起こる余地はなくなるのだが、それは容易なことではない。それでも、わたしは、空につながる道を、しかつめらしくなく、追いかけていく。

＊

「ろくろの木地屋」の「根っこ」は滋賀県小椋谷にある。そして、百四十年前に、伊那からやって来て定着した南木曾漆畑は、もはや、木地屋のもうひとつの「ふるさと」である。いまを生きる漆畑の木地屋は、先祖や家族をたいせつに思い、真摯に真面目に働き、地元の仲間とともにたくましく生きる。

木地屋の美味しいもの

イタドリは漢名「虎杖」。「杖」は茎で、「虎」は若い芽にある斑点が虎に似ているところからいうそうだ。

「イタドリ」を、わたしは南木曾で聞くまで知らなかった。初めてその名を耳にしたのは、正幸のはなしからだった。ある日、曽祖父の代に漆畑にやって来た正幸に、昔、木地屋と地元の人では、ことばや風俗習慣が違ったことについて訊いていた。食習慣の違いを知りたかったので、わたしは地元の人は食べないが、木地屋が食べるものとはなにか、と問うと、正幸は「イタドリとか……」といった。イタドリというからには、わたしはそれはどんな鳥なのだろうと思った。そして、なんと「カスミ網かなにかで捕るんですか？」と聞いたのだ。イタドリが鳥の名ではなく、植物の名であることを、このときわたしは知らなかった。

そもそも南木曾の地元では、イタドリを食べることをしなかった。イタドリを食べることは、木地屋独特の食習慣であった。

一九八八年に亡くなった正幸の祖母セキは、生前に撮影されたテレビ番組で、「雑草のイタドリを採るのを地元に人にみられるのが恥ずかしくて、隠れて採った」とはなしている。当時は「木地屋はヤギのえさのイタドリを食べる」といわれたのだそうだ。

高知県では、いまもイタドリがよく食べられているという。氏子駈帳・氏子狩帳には、四国全県に「ろくろの木地屋」の足跡が遺されている。その関係を高知県庁にきいてみたが、担当者はそもそも木地屋を知らなかった。高知市の朝市では、南木曾とおなじように下処理したイタドリが売られていた、とシガ子はいう。

山を歩いた木地屋は、畑をもたなかったので、野に生える植物を工夫して食べる達人であった。「ろくろの木地屋」は、里の人が食べない植物や実を、美味しく料理する術に長けていた。イタドリのほかに、木地屋にまつわる植物といえばミョウガがある。かつて、「ろくろの木地屋」が山に小屋掛けした跡にはミョウガが生えているといわれた。木地屋は食料としてミョウガを植えたが、また薬効があることも知っていたのだろう。

「ろくろの木地屋」は、高い山を移り住む暮らしであったために、いくら野の草を料理する達人であっても、飢饉があれば、それはたいへん悲惨な現実をつきつけられた。

天保の飢饉も、食料生産にたずさわらない木地師にとっては、残酷なものであった。木曾郡漆畑の木地師から聞いたのは、「天保は、食うや食わずの十三年」に加えて、もうひとこと、「木地師は、小判を口にくわえて死んでいった」であったが、ともに飢餓時代を生きぬいてきた人の言葉である。

（『深山秘録』）

木地屋は小判をもっていたが、周囲の皆が飢餓にあえいでいるときには、小判はなんの役に立たず、餓死するよりほかなかったのだ。山の高いところに孤立して暮らす木地屋は、里の人たちよりも飢饉のときは状況が厳しく、一世帯全員が餓死したり、集落のなかで集団餓死した悲惨な記録が遺る。「ふるさと」滋賀県東小椋村の根元社寺は、あまりに遠いところに暮らす氏子を助ける術がなかったものであろう。

その後、木地屋と地元の人びとはともに生きる年月を重ねるうちに、いまでは、イタドリは地元の人びとの食生活にも根づいている。

いま、木地屋の女将はイタドリや地元の山菜を通して、多くの人びとに木地屋の文化や、南木曾の風土を知ってもらおうと、得意の料理の腕を生かして思案する。ろくろで挽き、漆を塗ったうつわに、地元の山菜を中心にした料理を盛る。塩漬けにしたイタドリをもどしたお浸しもある。

イタドリをつかった料理はいろいろあるが、なかに「イタドリ・ゼリー」がある。カップに薄緑色のサクサクとした歯ざわりのイタドリと、真ん中に赤いちいさなトマトか赤梅の甘露煮が入った「南木曾の木地屋の山菜ゼリー」だ。イタドリは野に生えるタデ科の雑草に違いないけれど、「イタドリ・ゼリー」の向こうには、木地屋の暮らしが透けてみえる。素朴で朴訥、機転の利いた遊びごころと山を歩いた歴史。昔、ヤギのえさだったイタドリは、いま多くの人びとのこころをとらえて、南木曾漆畑に結ぶ。

＊

漆畑出身で、いまは飯田に住む八十歳になる木下豊子は、かつて暮らした漆畑部落を回想してくれた。豊子は、若い頃には、多くの男女で鳥屋《とや》にいったことが、とてもよい思い出だという。鳥屋はいまの木曾見茶屋のすこし下にはあって、ツグミを食べさせてくれたのだそうだ。若い皆で食べて帰って来るというそれだけなのだけれど、とても楽しかったという。ちなみに、ツグミは現在は禁鳥である。

漆畑ではいまも昔も、毎年五月に集落の皆で花見をする。また、年に二回、三月七日と十一月七日に「山の講」祭がある。祭の前夜、山の神神社に皆が集まり、酒盛りをする。「山の講」の祭りには、しごとを休み、各家で「山の講だんご」をつくって食べる。それはおしるこのようなものだが、なかに入れるだんごは、木地屋の祭らしく「椀」のかたちをしている。なかをすこしへこました別名「へそだんご」である。わたしは、二〇一〇年夏に、かつて木曾福島中畑に暮らし、いま、木曾平沢にいる木地屋小椋正人七十九歳に会いにいった。病身の正人は目の澄んだ人で、忘れてしまった記憶を懸命に思い出してくれた。わたしが「山の講だんご」と口にすると、正人は無言で左手の人差し指と親指で丸をつくり、右手の親指で左手の丸の内側を、ぐるりと押さえるようにした。思いがけないその人の様子に、わたしが「あっ、山の講だんご！」というと、正人はそれは嬉しそうに笑顔でうなずいた。幼いときや若いときの楽しい思い出は、年を取っても、幾度も思い返しては味わえる甘い蜜の味の菓子みたいなものなのだろう。

五年前に、木曾福島でわたしは初めて「朴葉《ほうば》巻き」を知った。その自然を活かした愛らしい菓子のかたちは、いままでにみたことのないものだった。旧暦五月五日の節句に、中にあんこを入れただんごを、青い朴葉の葉でくるみ、イグサでしばる。葉五枚六枚がその元のところでくっついたまま、ひとつひとつの葉にだんごをくるむ。「朴葉巻き」の時期には、町の和菓子店の店先に、「朴葉巻き」が蒸し上がるのを待つ客の列ができる。

木地屋の「朴葉巻き」は木曾福島のものとは違う。枯れて落ちた朴葉の葉を取っておき、つかうときに湯で戻してつかうのだ。「その方が合理的でしょ」と正幸はいう。わざわざ木で青く茂る葉を取ってしまうのではなくて、秋になって自然に落葉した朴葉の葉を木地屋はつかうことを正幸はいっている。

木曾には、また、串に大きな「ごへいもち」もある。それは、「五平もち」と書かれることが多いが、柳田國男の『史料としての伝説』には、「ごへいもち」は「御幣餅」とあり、「自分はこれを甲信遠参の地方食物かと思っていたが、彼等が阿波の山でも食っていたのをみると……」、とある。「御幣餅」は、ひろく列島に伝わった「ろくろの木地屋」独特の食物なのかもしれない（御幣は新明解国語辞典によると、「細長い木（の枝）に、細長い白紙などを切ってはさんだもの。神主がおはらいをするときに使い、また、神前に供える」）。

漆畑には、都会の暮らししか知らない者にとっては驚くほど濃い親戚や集落内の人間関係が、いまもある。昨年（二〇一〇年）、開催された南木曽小学校の運動会に誘われてでかけると、昼、近隣のそ

榮一の母小椋セキがつくる木地屋の朴葉巻き。
（藤本四八撮影／飯田市美術博物館蔵）

木曽地方の朴葉巻き。島崎緑二画

れぞれの家庭が持ち寄った、ビニールシートいっぱいに広がるごちそうの数々を人びとが皆楽しげに囲む様子が羨ましかった。また、小椋、大蔵などの木地屋の姓を名のる人が遠方から訪れると、そのような見ず知らずの人たちをも、遠い親戚が訪ねて来たような温かなもてなしをする。漆畑の木地屋の人びとは、横も縦も、近くも遠くのつながりもたいせつに暮らす人びとである。

漆畑の木地屋と清内路の山ノ神

二〇一〇年九月二十日。長野県下伊那郡《しもいなぐん》阿智村《あちむら》清内路《せいないじ》、山ノ神《やまのかみ》。

中央アルプスの南端に位置する阿智村清内路と木曾郡南木曾町は、南北に接する。国道二五六号線がふたつの集落をつらぬくように走る。旧・清内路村は、二〇〇九年三月に阿智村に編入された。十年前に開通した清内路トンネルに近い、国道からすこし山側に入った一帯を、旧村民は「山ノ神」と呼ぶ。

山ノ神は、昼前だというのに、杉木立の生い茂るなか、幾重にも重なる枝葉に、日の光がさえぎられて薄暗い。小屋が一軒あるが人の気配はない。近くには、小さな沢があり、水の流れる音がする。目の前にひろがる緩い上り勾配の斜面には、枯れ落ちた木の葉が堆積し、歩けばふかふかと柔らかく、靴底がすこしめり込む。木々の間に点々と埋まるようにしてある長さ五十センチ、横二十センチほどの平らな石が苔むした顔をのぞかせる。昔、ここに「山の神」を祀る祠があったのだという。

地元の人でなければ、ピンポイントで山ノ神にはたどり着けない。いまではほとんど住む人のないこの一帯で、山ノ神がどこを指すのかわからないからだ。かつて祠が祀られていた頃には、山ノ神は地元の人にもなじみがあったところだが、いまでは人びとの記憶から忘れ去られている。

二〇一〇年夏。わたしは南木曾町幸助に滞在していた。このとき南木曾では、生まれてこのかた、ついぞ耳にしたことのない、自然界に生きる動物の情報が溢れていた。例年にはない、クマの目撃情報が朝に夕に町の広報無線から流れ、朝、目が覚めれば、イノシシが地面をほじくり返した跡をあちこちで目のあたりにする。クマやイノシシの出没情報が頻々とあれば、人気のない木々の生い茂った山ノ神に、おいそれとひとりではやって来られない。自然のただなかを、クルマをもたないわたしが歩けば、それはまるでサファリパークで、ライオンバスに乗らずに野獣の森を探検に歩くようなものである。

古来、木曾谷から伊那谷へ抜ける道を多くの人や馬が歩いた。国道が整備されたいま、クルマがあればともかく、交通の便の悪いこのあたりを、わたしはいつもだれかの厄介になって移動する。

＊

この日、わたしは小椋正幸とふたり、清内路のここ山ノ神と呼ばれる一帯で、墓を探していた。

朝、正幸に漆畑の「やまと」から、軽トラックに乗せてもらい、山ノ神にやって来た。漆畑から清内路トンネルを抜け、山ノ神までは、クルマでは十五分ほどの距離である。

わたしが初めて山ノ神にやって来たのは、一週間ほど前のことである。そのとき、わたしはシガ子と、ここに木地屋の墓地を探しに来たのだ。

五カ月前に、小椋榮一が漆畑の墓地で、主の名だけ自然石に刻まれた墓をみつけてくれた。それは、冬の間から幾度も榮一とふたりで墓地を訪れては、みつけ出せなかった墓であった。雪から顔をだした墓石には、「大岩定次郎」とだけ書かれていた。大岩家は、木地屋の根元地、近江国東小椋村蛭谷の筒井八幡宮の神主の家である。筒井公文所は、東小椋村君ヶ畑の金龍寺とともに、長らく全国の木地師を統括していた。

漆畑の木地屋墓地にある「大岩定次郎」の墓について、過去に書かれたものは二件ある。ひとつは、『深山秘録』にある。

大岩家は明治維新以降、木地師の全国的支配が不可能、且つ不必要になったため、村（松本註：近江国東小椋村）外に転出し四十七代実寿の時代に、家の歴史を閉じている。この大岩家の墓地の所在については、私は何の知識ももたないが、おそらく東小椋村蛭谷の地にあるものと想像してきた。ところが大岩を称する者の石碑が、木曾漆畑にある木地師の共同墓地の一隅にあることが、先年漆畑を訪れた石川県山中《やまなか》の木地師によって発見されている。当の漆畑の木地師たちは、筒井系であるにもかかわらず大岩が何者であるか記憶するものはなかったが、山中の木地師たちは大岩が筒井派木地師の頭領筋の名字であることを熟知していたから、ここにこの碑があることをいぶかる者が多かった。碑には自然石に大岩定次郎と刻まれているほか、なにも記されていない。

もうひとつは、それより一年前に出版された「地上」第二十九号に、藤本四八が漆畑を取材した文章と写真が掲載されている。記事に、大岩定次郎について書かれた箇所がある。

漆畑の墓標に、大岩定次郎という人の墓がある。すりへって字もあまりはっきりしないが、この人は滋賀県小椋村の人で、木曾の木地師たちの土地縄張りのゴタゴタがあると、それの取り締まりと仲介のためにやってきた人だとのことである。小椋村の人の墓がこんなところにあるのを不思議がる人もいる。

その後わたしは、漆畑の人たちの檀那寺《だんなでら》である妻籠の光徳寺《こうとくじ》の過去帳を調べ、「大岩」の本籍地だと思われる滋賀県東近江市役所永源寺支所にも足を運び、また、子孫だという人の大阪の居場所を訊ねては連絡を取るなど八方手を尽くし調べたが、大岩定次郎がだれであるかわからなかった。

漆畑の木地屋野原保は、大岩が東小椋村蛭谷の根元地から廻り来る巡廻人であることは、当然のことのように、知っていた。そして、その墓が漆畑にある理由も熟知していた。松山義雄の著作に「石川の木地師によって大岩定次郎の墓が『発見』」とあるのは、そのとき案内を務めた部落の人がたまたま「大岩」を知らなかったのだ。それは、正幸が、「子どもの頃に大岩の墓に線香を上げた」といっていることからもわかる。

野原保のはなしから、一九四〇（昭和十五）年、大岩定次郎の墓は、清内路の山ノ神の木地屋墓地から、漆畑に運ばれた。

＊

漆畑の木地屋野原保が話してくれた、清内路の山ノ神。それは旧・清内路村のいったいどこなのか。かつて漆畑と清内路は行き来が頻繁にあったが、清内路から墓石を担いで漆畑に持って来たとは、考えもしないことであった。また、現在、漆畑に暮らす人は、清内路の山ノ神がいったいどこなのかを知らない。

旧・清内路村は、上清内路、下清内路のふたつの地区から成る。

山ノ神のある上清内路には、清南寺《せいなんじ》があり、現在この地区の人たちの墓はこの寺の境内にある。手がかりを求めて、シガ子と寺を訪ねた。住職は「この寺に来てまだ十年なのでわからない」といいつつ、親切に地区の高齢の人にはなしを聞いてくれた。しかし、だれも知る人がなかった。「もしかすると七々平《ななだいら》の茶屋の主人が、なにかを知っているかもしれない」との住職の話から、わたしたちはすぐに茶屋を訪ねた。

山ノ神近くの七々平で茶屋を営む主人とその妻は、「十五、六年前にここで墓をみた人がいる」といった。それは、山ノ神には漆畑に運ばれた墓のほかにも、いくつかの墓があるということだ。だれの墓だろう。シガ子とわたしは、七々平からさして遠くはないという山ノ神にすぐにも行ってみたいと主人に頼んだ。

さっそく茶屋の主人は、店を妻に頼み、クルマで山ノ神に案内してくれた。しかし、あたり一面、直径二十センチほどの太さの杉の木立が生い茂るばかりで、そこが墓地であることを思わせるものは、なにひとつ見あたらなかった。

探していた山ノ神に、ようやく来ることは来たが、シガ子とわたしは墓を見つけることはできなかった。杉木立の中を墓らしきものを探して歩き、苔むした足元の石をみて、「これが墓石なのかもしれんね」とふたりではなしてはあたりを見わたした。この日は、シガ子もわたしも、人にはなしを聞くことしか念頭になく、まさか実際に墓石を起こすことになろうとは考えてもいなかったので、なんの用意もなかった。道具を持たずに女ふたりで重い石を起こすことはできなかった。それが墓石であるのか、はたまたただの石であるのかもわからずに、シガ子とわたしは後ろ髪を引かれる思いで山ノ神を引き揚げた。

＊

九月二十日、朝。「やまと」を出発するとき、正幸は軽トラックの運転席に、線香を用意していた。

山ノ神に出かける前に、正幸は清内路在住の友人から情報を得ており、南木曽を出発するときから、たしかに墓を探し当てるのだという強い思いが、その顔に滲んでいた。

山ノ神に到着し、一週間前に、シガ子と歩いた木立ちの中をふたりで手分けして探していると、じきにすこし離れたところから、正幸の「ありましたよ！　これ、そうでしょう！」の大きな声が聞こえた。急ぎ、声のする方に駈け寄ると、正幸が墓石らしき自然石を、腕に力を込めて起こしている。起き上がった墓石には、うっすらと戒名が浮かび上がった。そして、戒名の上には、かねてからあると聞いていた「菊の紋」が刻まれているのがわかった。近くにもおなじような墓石があり、正幸が力いっぱい抱き起こすと、この墓石にもおなじ「菊の紋」があった。探していたものが見つかった瞬間だった。

『清内路村史　下巻』（清内路村史編纂委員会編、一九八二年）には、この近くの墓について「孫六沢《まごろくさわ》と清内路峠の移転の話と菊紋刻りの話が伝えられている」とある。阿智村役場清内路支所の電話口に出た女性は、「無縁仏の墓がそこにあるといわれています」といった。たしかに、墓石は倒れ、いまはだれも弔った跡のない墓は無縁仏に違いなかった。向山雅重は、この地で「繁山善昌居士　明治七戊年四月十五日　繁室妙昌大姉　明治七戊年七月七日」と刻した舟型塔に十六単弁の菊花紋章を刻んであるのをみたと書き遺している（『続信濃民俗記』）。

「菊の紋」の刻まれた二基の墓は、かつての「ろくろの木地屋」とその家族のものに違いなかった。「菊の紋」や「桐の紋」。高貴なものを示すその家紋は、「ろくろの木地屋」が近江国東小椋村から発して、広く列島各地にわたった木地屋の墓に刻まれていることが知られている。墓に「菊の紋」や「桐の紋」が刻まれるのは、「ろくろの木地屋」が、その祖神を惟喬親王であると信じるからである。

この日みつかった二基の墓の近辺を探せば、まだ、いくつもの木地屋やその家族の墓が見つかるはずである。機会をあらためて、いまいちどこの地を訪れ、さらに墓を探しに来ることにして、この日は出会った二基の墓に正幸の持参した線香を上げ、懇ろに手を合わせ、帰途に着いた。

「見つかった！　墓が見つかった！　菊の紋もあった。ひとつは小椋春江という人の墓だった」。わたしは昂ぶる気持ちを抑えきれず、店の前に迎えに出たシガ子に、軽トラックの助手席から大きな声で叫んだ。シガ子は「涙が出るねぇ！　鳥肌が立つようだぁ」と片方の手でもう一方の腕のひじから先を撫でるようにしていい、「発見だ。発見したね」と涙ぐむ。運転席にいた正幸は落ち着いた声で、「あったよ」とだけ手短に母に告げた。

*

小椋正幸は、その姓が示すように、「小椋」、「大蔵」、「堀川」姓などで知られる、遠い昔から、幾世代にもわたって、その生業を引き継いできた「ろくろの木地屋」の末裔である。この日、みつけた「菊の紋」の刻まれた墓石のひとつには、俗名の「小椋春江」の名が見てとれた。誇り高く「木地屋」

を名乗る小椋正幸には、この日、同族の先祖の墓に邂逅《かいこう》できた喜びが、たしかにあったに違いない。

近江国愛知郡東小椋村から、幾万の木地屋が、家族とともに、列島の北へ南へと、脊梁山脈の深山幽谷を、良い木との出会いを求めて歩きつづけた。先祖代々、手を合わせ、たいせつな木の命をいただき、「まず木に申し訳ないものはつくるな」の想いとともに、みずから鍛冶場で鍛錬した鉋を手に、木を活かし、ろくろを挽く卓越した技。幾世代にもわたり無言のうちに伝えられた、深い木々の生い茂る山から山を歩き暮らした記憶。たいせつな家族眷属との暮らしが阻まれそうになる多くの困難を生き抜き、木と生きる喜びのなかで、連綿と生業を継ぎ、今日まで生きてきた人たちの想い。

木地屋の末裔である小椋正幸のこころには、そのすべてがいま積み重なってある。多くの祖先や同族の深い想いを背負いながら、二十一世紀を生きる「ろくろの木地屋」が、古の墓に祈りを捧げる後ろすがたを、この日、わたしは見つめていた。

「るる」と歌えば

深く知ることもなく、たまさか迷い込んだ森でわたしが出会ったものは、まるで壮大な宇宙を内包するかのような木曾谷の、生きとし生けるもののなかにあって、分を知り、慎ましく生きる人びとのすがたであった。

初めて訪れた木曾谷は、ぐるりを囲む山々とうっそうと生い茂る木々に日差しがさえぎられ、なれないわたしには杳くわびしく淋しいところだった。しばし木曾に留まり、土地の人の呼吸に合わせるようにして、丁寧に日々を送りながら、じっとこころを澄ませていると、命の蠢きがそこここに感じられるようになった。遠い昔から、命の息吹満ちる木曾の山々にある木、草、動物、人、生きるものすべてに、わたしは命の重さと尊さを教わる。そして木曾では、その自然を活かした美しいものがつくられてきた。

木曾谷は冬の寒さの厳しいところである。そして、春の訪れを待ち焦がれる人は、また、花を慈しみ、愛でる人びとでもある。

須原の「花漬」は、八重桜の花の色をそのままに塩にしたもので、祝い事の席に「桜茶」として登場する。須原駅前の「大和屋」では、いまも桜の花漬が売られている。かつて桜だけではなく、四季折々の花が漬けられていた。桃、梅、桜、菊、ハッカ。そして、冬の花は茶の白い花。花々が白梅や赤梅で染められて、曲物のうつわには車輪のようにすべての花が並べられ、四角い箱には扇形に詰められた。鉄道開通の一九一二年には駅で売られていたが、一九二七年にはやめてしまった。花を摘むのは男衆、漬けるのは姑から嫁への相伝だった（「木曽の花漬」生駒勘七、『木曽教育』十一号、木曾教育会編、一九五七年）。

須原には、また、代々鍛冶屋を継ぐ家がある。主人は、地べたに棒で図を描きながら、長い時間、刃物や鍛冶を説明をしてくれた。昔の鞴はいまはつかわれていないが、たいせつに工場においてあった。

桧笠は藺の女の人たちがいまも編みつづけ、南木曾を発祥の地とする「お六櫛」は、いまは木祖村にその伝統が遺される。

時代は流れ、木曾でも美しいものが多く失われようとしている。いったん坂を転がり落ちはじめた石は、だれも止めることができない。それでも、なんとかいまこのときも、木曾の美しいものを廃れさせまいと、もち堪えようとする人びとがいる。なんとか石につっかえ棒を支《か》おうとしても、崩れ落ちる石の重みを留めることは容易ではない。しかし、たとえ、目に見える力になれないとしても、美しいものを見ることや知ることがその人たちを支えることになる、とわたしは考えるようになった。

時の流れのなかで廃れるものがあっても、訳があるなら、いたしかたない。ただ、いったんこの世から消え去ったものは、それはもう二度と再び、手許にはもどってはこない覚悟があってのことだと思いたい。あとになって、「知らなかった」は、言い訳にはならない。遺す遺さないは、その時代に生きる人の、覚悟のうえの決断だと信じたい。

＊

「ろくろの木地屋」が「ふるさと」近江国東小椋村から家族眷属とともに、尾根道を歩きつづけ、百四十年前に山をわたる暮らしに終止符を打ち、住みついたところが長野県南木曽町漆畑である。そこには、いま、定着して三、四、五代目の木地屋の末裔の人たちが暮らす。漆畑は、その人びとのたいせつな「ふるさと」である。

その四世代目である小椋正幸は、わたしが木曾福島の師が世に埋もれるようにしているのを惜しみ、作品を都会で発表したいといったとき、「先ずは地元で」と諫めてくれた人である。それは、南木曾に生まれ育ち、暮らしている人のことばであった。いま、正幸は鍛冶を打ち、木地を挽き、漆を塗り、店を経営するそのかたわら、地元の仲間と近くの畑で蕎麦を育て、収穫した蕎麦を打つ。おなじ南木曾町田立《ただち》の茶葉で、茶を立てる。ふるさと南木曾の地産地消に、大勢の仲間と取り組む。そのろくろの作品は、国内外の展覧会で紹介される。

いまを生きる南木曾の木地屋は、軸足を木曾におきながら、遠くへ羽ばたく。かつての祖先たちが、山から山へと歩いたのとは違い、遠くへ飛び立っては、いつも「ふるさと」南木曾漆畑に帰って来る。かつての「ろくろの木地屋」は、近江国東小椋村から発して、流星群のように列島各地に散っていった。これからの木地屋は南木曾漆畑を起点として、山や海を越え、羽ばたき、ふたたび漆畑に戻る。起点の漆畑には、父や祖父、曽祖父の魂がいる。そして、代々ともに漆畑に暮らしてきた一族や地元の仲間がいる。現代を生きる「ろくろの木地屋」の「旅」は、遠くへ飛び立っては、出発点に帰る「旅」である。

二〇一〇年暮れ、生まれもつアールの感覚と、独自の想いを重ねたぐいのみを、正幸に頼んだ。すると、「ぐいのみは、親父の残したキハダの小さな材があるから、それでつくります」といってくれ、わたしは胸を衝かれた。

できあがってくるぐいのみを、わたしの大きくはない掌《たなごころ》に入れるとき、父子に受け継がれた木地屋の魂をもわたされることになるのだろう。「ろくろの木地屋」のうつわは手になじみ、温かく、軽い。木地屋の歴史の重みはこころで受け止める。

＊

民謡のるつぼといわれた木曾谷には、多くの仕事唄はあるのに、木地屋の唄はない。沢沿いの水車小屋でろくろをまわしていた頃、木地屋は沢の水音、水車のまわる音を聴いていた。愛知県稲武町の古橋懐古館には、昔、稲武の木地屋がつかっていた足踏みろくろが展示されているけれど、南木曾ではつかわれなかった。十九世紀の終わりまで、木地屋は夫婦こころ合わせ、手挽きろくろで木地を挽いた。ふたりで声をかけながら妻は綱を引き、夫は鉋でまわる木地を挽いた。木地を挽き終えるまでくり返されるふたりのかけあう声が、あたりにこだましたというはなしが伊那に残る。（『深山秘録』）

いま、電動ろくろはたいして大きな音も立てずに、高速で回転する。鉋が木地を挽く、シャーという音が仕事部屋に響く。木地屋は両腕で鉋を抱え、すこし前かがみになって、木地と鉋の接点をじっとみつめる。緊張した空気が木地屋のまわりを包む。ろくろで木地を挽くしごとは、唄をうたいながらできることではない。

＊

わが国における「ろくろの木地屋」の歴史はいつからはじまったのか定かではない。

ろくろは、何千年も昔に、中央アジア、あるいは中国で創案されたものが、わが国に入ってきたものだろう。そして、奈良時代には、凸型に挽かれた百万塔の仏塔がつくられた。挽物は、古くは朝廷を支配する豪族的な支配層の下でつくられていた。中世になり、ろくろで材（木地）を挽く職人は、凹型の庶民のうつわをつくるようになり、材を求めて、中央から地方へ向かった。

「轆轤」は、九三〇年代に成立した『倭名類聚抄』に、つぎのようにある。

四声字苑云、轆轤（鹿盧二音、俗云二六路一）円転木機也。

杉本壽の『木地師と木形子』に、「奈良時代には一時『六路』（りゅうるう）の文字を使った」とある。「りゅうるう、りゅうるう……」、いつまでも口の中で転がしていたい音《おん》である。

「鹿盧」は、中国語でlu luと読む。それは滑車のこと。

「轆轤」lu lu は車ノ声。水ヲ汲ムロクロ。

まわる道具の軋轢音、ルル（『木地屋のふるさと』、『ろくろ』）。

「るる、るる」、と木機がまわる。「るる」がうたえば、森に何百年も生きた木が、人の暮らしのうつわになって活きる。いちど木地屋の祈りのなかで鳴いて叫んで寝た木の命に、おなじ木地屋がみずから鍛えた鉋でろくろを挽き、新しい命を吹き込む。南木曾の木地屋が水車でまわる「るる」の唄を聴きながら木地を挽いていたのは、いまからわずか五十前のことである。

「るる」は何千年も前の、人類が火を起こすときに聴いた音であるかもしれない。井戸で水を汲みときまわった滑車の音。車輪のまわる音……。

わが国では、「ろくろ」の語は、「木地屋が鉋で木を削る器械」の意味にだけつかわれたのではない。竪軸、横軸でつかわれるろくろがある。焼物用のろくろは竪軸であり、木工用ろくろは横軸である。また、滑車や絞車のように動力の補助をなすものもある。和傘の傘骨と軸を結びつける装置も「ろくろ」と呼ばれる（『ろくろ』）。


「ろくろの木地屋」は、遠い昔に、近江国東小椋村から歩きはじめ、世代を継いで「るるの唄」をうたい継いできた。しかし、いま、「るるの唄」は、唄をうたい継ぐ人とともにあることが難しい時を迎えている。

それでも、南木曾の「ろくろの木地屋」の唄なき「るるの唄」は、いま、時代を越え、歌い継がれようとしている。

「るるの唄」が海を越えるとき、はるか遠くの「旅」に暮らす人に、それはどんな唄に聴こえるのだろう。木地屋のうたう「るるの唄」には、木曾の森の木魂が宿る。「るる」のうたう木曾の森の物語を、はるか遠く海の向こうに暮らす人にも、魂を寄せ、聴いてもらいたい。美しいものを見ること知ることこそが、唄をうたう人を支える。

木曾の森の木魂が、わたしを木曾に呼んでくれたものかもしれない。たまさかパラシュートで飛び降りるようにしてやって来た木曾で、わたしは思いがけなく、森の中でいくつかのたいせつな出会いをした。

冒険はいつだって危険と背中合わせだ。ときに危い目、嫌な思いをしながらも、考えもしなかった嬉しい出会いにも遭遇する。「それが冒険の醍醐味」とうそぶいているうちに、時は瞬く間に過ぎてゆく。

木曾で、魂の行く先がおぼろげながらみえた気がする。魂は生きているときにこころかよわせたものに送られていく。これからも、杳さを愉しみながら、未だ知らない木曾を探しにいこう。

あとがき

谷底を縫うように流れる木曾川のほとりでのどかに暮せば、山を知らない。それでも、みたい、聴きたいと念じていると、いつしか願いは叶えられた。

木曾に来たからこそ出会った、「へぎの木地屋」村地忠太郎と「ろくろの木地屋」小椋榮一。その技と人間性に魅せられた。木曾の木とともに生きる人の想いの深さが、そこにはあった。ふたりと出会えたのは運がよかったからなのだけれど、わたしは木曾の森の木魂が呼んでくれたと想いたい。稀有な出会いをしたからには、木曾の自然やそこに生きる人びとの、声なきことばを聴き届けたい。

いまを生きる「ろくろの木地屋」の近くに身をおけば、山から山を歩いたかつての木地屋のすがたがみえ、声が聴こえるのだった。深山に連綿とその生業を引き継いで暮し、幾度も困難に直面しながら、それでも木地屋は木を慈しみ、木にみずからと家族の命を託して生きた。

寺の過去帳に遺る木地屋と家族の享年を知れば、その多くが幼い子どもか長寿者だ。明治のはじめに八十歳、九十歳で旅立った木地屋の名が過去帳にはある。畑をもたない木地屋は、飢饉の前にはひとたまりもなかったが、そうでなければ、まるで山に住む不老不死の仙人のように長寿であった。深山では、里の伝染病からは遠くにいたが、山の自然は厳しかった。人里離れた山にいて、木を伐り、土地を切り拓きながらも、無欲にそこを立ち去る人は、山・川・谷・空・風・木・草を熟知する生命力溢れた人たちであった。そのことと、山々を移り住んだ木地屋が素朴な歌を詠み、芸能を嗜む人たちであったことはきっと無縁ではない。「里の人」が「山の人」の日々のありようを知り、こころにバリアさえ築かなければ、「山の人」の豊かさは「里の人」のものでもあったに違いない。二十一世紀を迎えたいま、人の目を曇らす噂は、新たな障壁と哀しみを生むだけと、もはや気づきたい。

木地屋の家には、生業を継ぐ者にすべてを託したい願いが満ちる。榮一が家族を乗せ、懸命に漕いだ舟の艪《ろ》は、無事正幸に引き継がれた。さらにつぎの漕ぎ手を、いまは追わずに舟を出す。いつの日か、新たに艪を握る若者が、先ゆく舟を追い越しざまに振り向くことがあるならば、「己の名を名乗れよ」と声かけてみたい。

榮一は木曾の森の木魂に送られて空に昇っていったように、わたしは木地屋につづく小径《こみち》を示された。遠くへいけないわたしにひろい木曾を歩かせ、タイムスリップできないわたしに木地屋の昔をみせてくれた人たちに、こころからの感謝を伝えたい。

木曾の人びと。沖縄県立浦添市美術館前田考充館長、浦添市立図書館沖縄学研究室、琉球漆器事業

協同組合上原昭男理事長や沖縄の人びと。愛知県一宮北ロータリークラブ。山林資料館山口登さん。南木曾博物館遠山高志さん。国立ハンセン病資料館稲葉上道さん。部落問題に取り組む川崎那恵さん。各地の公立図書館担当者。伴走してくれた天野みかさん。わたしの目、大住敏子さん。たいせつな友人や身近な人びと。

一匹狼ではあるけれど、ひとりぼっちであったためしがない。ありがとう。

小椋榮一に捧ぐ

二〇一一年春

松本直子

【著者略歴】
松本直子（まつもとなおこ）
1952年東京生まれ。
早稲田大学第一文学部社会学科卒業。
2007年長野県上松技術専門校木材工芸科卒業後、
木曾福島の木地屋村地忠太郎氏のもとで、
木地づくりを学ぶ。

南木曾の木地屋の物語――ろくろとイタドリ
二〇一一年四月二十五日　第一刷発行
二〇一一年八月　一　日　第二刷発行
定価――本体一八〇〇円＋税
著者――松本直子
発行者――西谷能英
発行所――株式会社　未來社
〒一一二―〇〇〇二東京都文京区小石川三―七―二
電話〇三―三八一四―五五二一（代）
振替〇〇一七〇―三―八七三八五
http://www.miraisha.co.jp/
Email: info@miraisha.co.jp
印刷・製本――萩原印刷

ISBN978-4-624-72022-3 C0072